청년이 살아야

교회가 산다

청년이 살아야
교회가 산다

초판1쇄 2012년 8월 15일
지은이 최윤원, 최정성
펴낸이 김명철
펴낸곳 도서출판 예향

주소 인천광역시 남동구 간석4동 606-4호   **영업부** (032) 431-7792 (032) 428-1928(팩스)
총무부 (032) 427-1719   **편집부** (032) 423-9796   **메일** cpcubook@hanmail.net   **홈페이지** www.ubook.co.kr

ISBN 978-89-86332-90-2   03230   **총판** 한국기독교출판공동체

> 한국기독교출판공동체는 진리의 복음을 토대로 한 도서출판 바울과
> 그리스도의 향기를 담은 도서출판 예향과 하늘의 정원에 심겨진 사랑을 전하는
> 도서출판 하늘정원의 책들로 문서선교의 통로로 복음을 전합니다.

* 잘못된 책은 매장에서 교환해 드립니다.
* 책 가격은 뒷표지에 있습니다.

청년목회 부흥핸드북

청년이 살아야 교회가 산다

오늘 10대가 없는 교회가 10년 후 20대가 많은 교회로 성장할 수 없습니다. 오늘 20대가 없는 교회는 교회의 장래가 회색입니다. 청년부가 죽은 교회는 결코 미래가 없습니다.

최윤원 · 최정성 공저

꿈과 열정을 잃고 방황하는 청년들의
비전과 미래를 다시 그려라!

예향 도서출판

머리말

예수님께서 마태복음 4장 23절에서 목회의 3중 사역을 소개하셨습니다. 교육, 선교, 봉사라고 하였습니다.

목회사역은 귀하고도 힘든 일입니다. 그리고 정말 좋은 목사로서 목회사역을 한다는 것은 더욱 귀하고 어려운 일입니다.

오늘날 한국에는 5만 개가 넘는 교회와 수만 명의 목회자가 있습니다. 목회는 신학교에서 배운 것을 실천하고 실제로 적용하는 일입니다. 그러나 교회의 역사와 환경이 다르고 교우들의 인성이 서로 다르기에 목회가 여간 어려운 일이 아닙니다.

저의 40년이 넘는 목회생활 중 한 교회에서 24년을 목회하고 지금은 원로 목사가 되었습니다.

어려운 목회사역을 보고 자란 둘째 아들이 아버지의 뒤를 이어 목회자의 길을 걷는다고 할 때 한편으론 염려가 되기도 했지만 참으로 감사한 일이었습니다.

아들이 미국 유학을 마치고 귀국하여 서울북노회 장수원교회에서 부목사로 일하면서 "청년이 살아야 교회가 산다"는 확신을 갖고 이책《청년이 살아야 교회가 산다》를 저술하였습니다. 1부와 2부, 3부는 아들 최윤원 목사가 집필하였고 4부는 최정성 목사인 본인이 집필하였습니다.

  교회의 젊은이들이 살아서 미래교회의 주인공이 되기를 바라며 교회 청년들을 직접 지도하는 지도자들에게 다소라도 도움이 되기를 바라며 집필을 위해 기도해준 아내와 큰아들 내외에게도 감사합니다.

  책을 출간해 주시는 출판사 사장님과 그 직원들에게 심심한 감사를 드립니다.

2012. 1.

CONTENTS : 목차

머리말 · 4

제1부 한국교회의 현실과 **청년목회의 중요성** · 9

1. 한국교회의 현실 · 10
2. 청년목회의 중요성과 그 방안 · 17
3. 청년목회의 대안 · 20
4. 청년 문화와 선교 · 28
5. 한국교회 청년들의 소원 · 40

제2부 이상적인 **청년목회 모델** · 47

1. 청년목회 · 48
2. 청년 부흥의 열쇠 · 52
3. 청년이 교회를 떠나는 10가지 이유 · 56
4. 고등부와 청년부의 연계성 · 57

제3부 청년목회 강단설교 1 · 59

01 예수 그리스도의 이름으로 · 60 | 02 함께 가는 그리스도인 · 75 | 03 형통하는 자의 복 · 84 | 04 위대함에 도전하는 자 · 90 | 05 어떤 친구를 만나는가 · 97 | 06 다시 일어서는 신앙 · 104 | 07 세상을 이기는 자 · 112 | 08 열두 바구니를 거두는 인생 · 118 | 09 넘치는 시대를 사는 우리 · 129 | 10 기적의 주인공 · 136 | 11 함께 하시는 하나님 · 147 | 12 음부의 권세가 이기지 못하리라 · 156

제4부 청년목회 강단설교 2 · 167

01 이웃과 하나님 사랑을 나누는 교회 · 168 | 02 성령이 뜨겁게 역사하는 교회 · 172 | 03 은혜가 충만한 교회 · 177 | 04 새롭게 되는 교회 · 182 | 05 다윗의 기도 · 187 | 06 합심으로 기도를 합시다 · 192 | 07 응답받는 기도 · 197 | 08 기도의 열매 · 202 | 09 민족이 바로 사는 길 · 207 | 10 믿음의 이력서 · 212 | 11 믿음의 단계 · 216 | 12 모본이 된 신앙 · 222 | 13 위기에 몰렸을 때 · 226 | 14 고통을 통해 주시는 은혜 · 231 | 15 변화의 능력자 예수님 · 235 | 16 주일의 축복 · 239 | 17 교사의 바른 자세 · 243 | 18 요셉 가정의 축복 · 247 | 19 하나님이 귀히 여기시는 사람 · 252 | 20 돌아가야 할 그 집 · 257 | 21 구멍 뚫린 예루살렘 성벽 · 262 | 22 어떻게 위기를 극복할 것인가? · 267

제1부

한국교회의 현실과
청년목회의 중요성

1. 한국교회의 현실 2. 청년목회의 중요성과 그 방안 3. 청년목회의 대안
4. 청년 문화와 선교 5. 한국교회 청년들의 소원

한국교회는 지금으로부터 126년 전에 언더우드와 아펜젤라 선교사가 내한하여 선교를 시작하므로 오늘 현재 5만 교회와 1천만 성도가 되는 성장을 가져온 교회가 되었고 분단국가이면서도 세계에서 두 번째로 선교사를 많이 파송한 나라가 되었습니다.

그러나 한국은 40년 전만 해도 경제적으로 매우 빈곤한 나라였고 가정 살림이 어려웠던 시절을 보냈습니다. 하지만 지금은 도움받던 나라에서 다른 나라를 돕는 나라가 되었습니다. 이러한 때에 한국교회의 현실을 살펴보고 앞으로의 역사의 방향을 제대로 설정해야 합니다.

한국교회의 현실

한국교회는 외형적으로 지난 한 세기 동안 전 세계가 놀랄 정도로 급격한 성장률을 보이며 오늘을 향해 달려왔습니다. 교인과 교회수의 성장은 물론 타 문화권으로 파송한 선교사 숫자가 2만 명을 넘어 미국에 이어 2위를 차지할 정도로 괄목할 만한 성장 결과를 보이고 있습니다.

그러나 이 같은 외형적 성장의 이면에 그동안 내재되어 왔던 문제점들이 부정적인 현상으로 표면화되면서 한국교회가 위기에 처해 있다는 지적 또한 교단과 교파, 진보와 보수를 불문하고 어느 누구도 부정하지 못하는 상황에 놓여있습니다.

그 상황들을 몇 가지로 정리하여 살펴보면 다음과 같습니다.

1) 한국교회는 급성장 이면에 산적한 위기에 처해 있다.

기독교윤리실천운동본부의 〈2010 한국교회의 사회적 신뢰도조사〉 결과를 통해 보면 한국교회의 신뢰도(20%)는 천주교(41.4%) 불교(33.5%)에 이어 3위를 차지했다고 밝혔습니다.

심각한 문제는 "세속화와 물질화 및 영성과 신앙의 약화"라고 발표하고 이러한 세속화와 물질화의 경향을 초래한 사람들이 문제의 원인이라고 말했습니다.

한국교회는 외형적으로는 급성장한 교회이나 내적으로 보면 사회에서의 교회 신뢰도가 떨어지고 세속화되고 물질화되는 경향 때문에 위기를 맞고 있습니다.

2) 한국교회는 진실과 인애가 없는 교회로 평가되고 있다

최근 한국교회 지도자와 성도에 대해 제기되는 사건들의 흐름 중 한 가지는 도덕적 결함에 따른 문제들이 많이 있습니다. 윤리적으로 물의를 일으키고 폭력사건에 연루되는 목회자와 성도, 부적절한 예산집행, 각종 뇌물수수 및 탈법적인 재정집행과 적법하지 않은 행위로 한국교회가 기독교계 안팎에서 많은 비판을 받고 있는 것이 사실입니다.

교계의 중요한 책임자를 선출하는 선거 때마다 지극히 합당한 공정선거가 지켜야 할 덕목으로 강조되어 왔음에도 금권선거를 비롯한 탈법과 불법이 횡행하며 지나친 교세 확장과 권력남용으로 한국교회의 위기가 심화됐습니다.

교회성장을 위해 수단과 방법을 가리지 않는 '성장신드롬'이 오늘날 한국교회의 세속화와 물질주의 경향을 초래한 것입니다. 그리하여 지금 많은 한국교회의 현실이 이러할진대 교회의 모습에서 하나님의 공의와 십자가의 사랑이 보이지 않게 되었습니다. 한국교회는 진실과 인애가 없는 교회가 되었습니다. 성적 타락과 폭력과 탐심으로 교회 안팎의 비판이 쏟아지는 현실이 되었습니다.

3) 한국교회는 하나님을 아는 지식이 없는 교회가 되었다

최근 몇 년간 한국사회는 경제력 상실, 우울증 등을 이유로 스스로 목숨을 끊는 자살이 크게 늘어나 사회적 이슈로 부각되기도 했습니다. 이 같은 현상이 한국교계 내에도 무관하지 않은 것으로 나타났습니다. 최근에는 목회자 및 현장 선교사로 사역하다 귀국한 이후 생활고 등을 이유로 자살을 선택한 사례까지 나타나기도 했습니다.

안타까운 일이지만 생명의 주권자 하나님을 인정치 않는 불신의 결과라 아니 할 수 없습니다.

약자 및 소수자를 보호하는 일이 부당하다고는 할 수 없으나 동성애를 비롯해 복음적 견지에서 지지할 수 없는 대상은 회개를 촉구하고 이들이 뉘우치도록 도와야 할 것입니다.

성경은 이미 레위기 20장과 로마서 1장에서는 동성애를 죄로 규정하고 있는데 오늘 우리는 이를 수용하는 듯 애매모호한 입장을 취하는 신학풍조까지 나타나고 있는 것은 하나님을 알지 못하는 결과라고 밖에 달리 설명할 길이 없습니다. 현재의 한국교회에서는 하나님을 아는 지식이 빈약한 교회의 모습을 많이 볼 수 있습니다.

4) 한국교회는 신학 교육기관이 많으나 교회 부흥은 없다

한국은 전 세계에서 유례없을 정도로 신학교육기관이 번창한 나라입니다. 그러나 이 같은 신학교의 번영이 곧 부흥으로 직결되는 것은 아닙니다.

목회자가 되는 것이 또 하나의 성공적인 삶의 한 방편으로 인식되고 교회가 세상의 조직과 같은 경영논리와 마케팅 원리로 움직일 수 있다는 인식이 팽배해지는 한, 더 이상 교회로서의 기능을 유지할 수 없습니다.

한국교회에 신학교육기관은 많이 있지만 그것이 성도들의 영적성장과 교회부흥으로는 직결되지 않고 있습니다.

5) 한국교회는 입술은 살아 있지만 실상은 죽은 교회가 많다

　요한계시록 3장에 등장하는 사데교회에 대해 주님은 "네가 살았다는 이름은 있으나 실상은 죽은 자"라고 말씀하십니다. 한국교회가 교단과 교파를 불문하고 대부분 입술로는 살아있고 분명한 신앙을 고백하고 있습니다.

　그러나 실제 사역과 삶의 현장에서 그 놀라운 고백은 보이지 않고 있습니다. 한국교회가 보기에는 살아있으나 실상은 죽은 자라는 주님의 진단이 오늘 한국교회에 그대로 적용되고 있습니다.

　교회가 개척되기는 하나 교회의 구실을 제대로 못하고 있고 메시지도 점점 오염되어 합리성, 효율성, 경제성을 강조하는 인본주의가 팽배해 가고 있습니다.

　그러므로 입술로는 교회라 하지만 실상은 좋은 것과 같은 정체성이 없는 교회가 많습니다.

6) 한국교회는 예수 그리스도의 유일성에 도전받고 있다

　종교 다원주의와 포스트모더니즘 시대에 접어들면서 기독교계 안에서도 하나님이 아닌 어떤 신을 믿더라도 구원을 받을 수 있다는 보편구원론이 표면화되고 있습니다. 이에 따라 예수의 유일성 즉, 예수님만이 하나님 아버지께 이르는 유일한 길이라는 주장에 대한 신자들의 확신이 교회 안과 밖에서 도전받고 있습니다.

　상대주의가 지배하고 있는 세상 속에서 예수 그리스도의 유일성을 주장하는 기독교인들은 점점 편협하고 예수와 관련된 배타적인 진리 주장을 고수한다는 비난을 받고 있습니다. 객관적인 진리의 존재와 우선됨을 부인하는 상대주의 주관주의, 실존주의는 성경과 복음의 진리에 대한 위협이 되고 있습니다.

한국교회는 예수 그리스도의 유일성에 도전받고 있습니다. 그러나 그리스도인은 예수 그리스도의 유일성에 대해 분명한 입장을 표명해야 합니다.

7) 한국교회는 성경의 권위와 무오성에 훼손당하고 있다

많은 기독교인들이 하나님의 말씀의 권위와 무오성에 관해서 뚜렷한 확신을 갖지 못하고 세상과 타협하는 일이 빈번하게 나타나고 있습니다. 신자들의 생각, 가치, 세계관은 성경을 기준으로 택하기보다는 일상생활에 많은 영향을 미치는 문화, 철학, 미신 혹은 지역 종교에 의해 형성되고 있습니다.

이러한 경향은 신자들의 믿음을 훼손하고 오염시킬 수 있습니다. 또 그들의 영적인 힘과 확신과 기쁨을 빼앗고 신자들이 부차적이고 관련 없는 문제에 집중하도록 만듭니다. 현재 한국교회는 성경의 권위에 도전받고 훼손당하고 있습니다.

8) 한국교회는 무슬림 교도들의 위협을 받고 있다

기독교에 대해 가장 적대적 집단인 이슬람세력이 한국의 경제성장의 물결과 개방화 정책에 의해 입국하게 됨으로 국가적으로도 도전받고 신앙적으로 많은 위협을 받고 있습니다.

급진적인 이슬람의 무자비한 살인 행위와 테러 전략은 전 세계를 두려움에 떨게 하고 있습니다.

이슬람 안에 내분이 일어나고 나뉘는 것은 극단주의자들로 하여금 총과 폭탄을 서로에게 겨냥하게 하고 있습니다. 이런 반응은 혐오감과 환멸을 느끼게 하고 있습니다.

현재 우리나라에는 무슬림권인 북아프리카, 소말리아, 터키, 파키스탄, 북인도와 동남아의 말레이 사람들이 한국에 들어와 다민족 타문화를 이루어가고 있습니다.

한국교회는 이들을 복음으로 개종시켜 견고한 신앙의 터전에 세울 교회적 사명과 민족의식을 새롭게 가져야 합니다. 이런 한국교회의 현실을 직시하고 회복을 위한 대안을 찾아야 합니다.

그 대안은 오직 하나, 예수 그리스도의 복음으로만 가능한 일입니다. 이제 죄된 나는 죽고 예수 그리스도의 생명으로 사는 복음과 기도의 사람들이 처한 현장에서 십자가의 깃발을 높이 들고 증인의 생명으로 서게 하는 것입니다.

그리하여 이러한 작금의 현실에서 미래교회가 살고 증인의 생명으로 서야 할 사람들이 청년, 대학부로 생각하기에 이제부터 청년목회의 중요성과 청년목회의 대안을 제시하고자 합니다.

청년목회의 중요성과 그 방안

1) 청년목회의 중요성

한국은 126년 전에 언더우드와 아펜젤라 선교사가 내한하여 선교를 시작하므로 현재 5만 교회와 1천만 성도가 되는 성장을 가져왔습니다. 그러나 국가적으로 경제가 성장하므로 농촌에서 도시로 젊은 세대가 산업현장으로 일하러 가고 도농간의 격차가 생기기 시작했습니다.

농촌에서는 노인세대가 살고 도시에서는 젊은이들이 집중하여 살게 되었습니다. 이로 인해서 지방교회도 어린이가 적어지고 청소년들이 교회를 떠나고 젊은이들이 없는 교회가 되어가고 있습니다.

그러는 중에 그동안 한국교회는 대형교회를 이루었고 대형교회 목사님들이 교회를 은퇴하면서 대형교회를 자기 자녀들에게 세습하므로 교계가 혼란해졌고 전임목회자가 은퇴하그 후임목회자의 부임으로 오는 부작용이 교회의 생명을 약화시키고 물량주의적인 세속의 바람에 교회가 타락해 갔습니다.

그러므로 노인세대는 기득권을 놓치 않고 젊은세대는 교회를 떠나고 아이들을 많이 낳지 않은 저출산으로 어린이들이 급격히 줄어들면서 교회의 다음 세대를 이어갈 젊은이들이 줄어들게 되었습니다. 이러한 때 교회들은 청년목회의 중요성을 깨닫고 시급히 그 대책을 세워나가야 합니다.

청년들이야말로 우리 교회의 다음 세대를 이어갈 소중한 자원입니다. 그러나 안타깝게도 오늘날 한국교회의 현상은 다음 세대를 이어갈 청년이 없다는 것입니다. 청년들이 살면 한국교회는 희망이 있습니다. 한국교회를 살리기 위해서는 청년목회에 큰 관심을 갖고 투자해야 합니다.

청년목회의 중요성은 청년 신앙이 몰락하면 한국교회는 희망이 없다는데 있습니다. 청년을 살리는 일이 한국교회를 살리는 일입니다. 청년목회를 통해 한국교회의 부흥의 길을 이어가야 합니다. 만약 청년들의 신앙이 몰락하면 큰 위기에 처한 이스라엘과 영국과 미국, 그리고 유럽 기독교의 과정을 겪는 상황에 이르게 됩니다.

지금 우리는 그 위기에 당면해 있습니다. 청년목회의 중요성을 인식하고 청년목회의 방안을 교회들은 계획을 세워 나가야 합니다. 청년들을 살리는 일이 이 시대의 그리스도인들의 위대한 책임과 일차적인 목표입니다. 왜냐하면 청년들이야말로 한국교회의 미래요 희망이며 한국교회의 운명을 좌우하는 본질이 되기 때문입니다.

2) 청년목회의 방안

한국교회는 미래교회를 생각해서 지금의 현실에 안주하거나 무방비 상태로 걸어가서는 안됩니다. 청년목회의 방안을 배워야 합니다. 이에 청년목회 방안을 다음과 같이 제시합니다.

청년선교와 문화에 대해 철저한 문제점을 분석해 보아야 한다

이 일을 이루기 위해서는 무엇보다 질 높은 연구가 필요하며 현 상황에 대한 철저한 분석이 꼭 필요합니다. 문제점을 찾고 해결방안을 모색하며 청년선교를 위한 집중적인 지도자를 세워야 합니다.

청년을 위한 문화선교의 중요성과 새로운 인식전환이 있어야 한다

아무리 청년선교의 중요성을 역설한다고 하더라도 기존세대가 청년선교와 청년문화의 독특성을 이해하지 못하면 아무 소용이 없습니다.

오늘날 청년들이 방황하는 이유가 거룩한 기독교 문화의 진실된 맛을 경험하지 못했기 때문입니다. 이런 관점에서 청년들이 매력을 느낄 수 있는 문화를 형성하되 성경에서 말하는 거룩한 청년문화, 다양한 청년문화를 개발해야 합니다. 무엇보다도 청년문화의 필요성과 다양성을 인정하는 일이 청년선교를 살리는 길입니다.

청년 선교에 담임 목사와 교회의 지극한 관심이 있어야 한다

담임 목사의 관심에 따라 교회학교 성장과 부흥에 큰 관계가 있습니다. 이는 지극히 상식적이며 중요한 결론입니다.

결국 담임 목사의 관심이 어디에 있느냐에 다라 청년들이 교회에 발을 붙일 수 있느냐 없느냐를 판가름할 수 있다고 볼 때 담임 목사가 청년선교의 중요성을 인식하는데 있습니다.

나아가 성도들도 관심을 가지고 교회의 모든 힘을 결집하여 차세대를 위한 교육과 훈련에 매진해야 합니다.

훌륭하고 전문적인 청년사역자를 길러내야 한다

이는 청년선교의 전문화를 꾀하자는 것입니다. 이를 위해서는 신학대학원의 교육이 일반적인 교육의 차원을 넘어서 전문화된 세상에서 전문성을 발휘할 수 있도록 선교의 전문화를 반드시 꾀해야 합니다.

이렇게 한국교회가 청년선교의 중요성을 새롭게 인식하고 지속적인 노력을 경주할 때, 세계선교의 터전을 마련하게 될 것입니다. 전문적인 청년사역자를 초빙하여 청년목회에 전념하도록 하고 새로운 청년문화 속에서 복음의 본질을 잘 실천할 수 있도록 해야 합니다.

● 청년목회의 대안

1) 청년세대의 현실

청년세대는 한국교회의 다음 세대이다

청년은 한국교회의 희망이요 출발점입니다. 이들을 위한 교육을 철저히 하게 될 때 한국교회는 미래가 있습니다.

현재의 청년들은 한국교회의 다음 세대를 선도할 세대입니다. 그들의 정체성을 심어주고 사명감을 고취시키고 소명의식을 분명히 가지도록 교육해야 합니다.

교회청년은 끼인 세대이다

청년들은 어른도 아니고 그렇다고 아이도 아닙니다. 중간에 끼인 세대입니다. 직장생활을 하면서 교회와 세상 사이에 끼인 세대입니다. 직장일에 충실하며 적응하기 위해서는 교회보다 세상을 중심으로 살게 되므로 교회에 적응하기 보다는 세상을 따라 살기 쉽습니다.

교회와 세상 사이에 끼인 세대로 어느 것 하나도 제대로 하기 어려운 세대입니다. 끼인 세대로서 교회 안에서 선배들의 좋은 전통을 배워가고 자신의 활동시기가 되면 아름다운 전통을 이어가고 새로운 신앙의 지표를 마련해 가야 합니다.

2) 청년세대를 위한 교육의 장

예배와 집회를 통한 교육의 장이 있어야 한다

예배란 '신을 신앙하고 숭배하면서 그 대상을 경배하는 행위 및 그 양식'입니다. 그 뜻은 히브리어의 **다비드**로서 '봉사', '섬김'을 나타내고 있습니다. **사하아**는 '굴복하는 것', '자신을 엎드리는 것'으로 숭배, 순종, 봉사의 종교적인 개념을 가지고 있습니다.

마태복음 4:10에서는 "주 너희 하나님께 경배하고 다만 그를 섬기라"고 하였습니다. 청년들이 예배와 집회를 통해 하나님께 경배하고 하나님을 위한 봉사의 활동을 배우도록 해야 합니다.

예배와 예전과 기도회를 통해 살아계신 하나님께 영광 돌리고 하나님을 숭배하고 순종하는 삶을 배우며 주의 복음을 위해 섬길 줄 아는 삶을 배울 수 있도록 해야 합니다.

교수를 통한 교육이 있어야 한다

사람은 교육을 통해 변화되고 성장하며 성숙한 사람이 될 수 있습니다.

교육은 성숙한 인간이 되게 하는데 있습니다. 성숙한 인간이란 완성된 인간이 아니라 자기 자신을 이해하고 자신이 놓여진 개인적 사회적 상황을 이해하며 자신과 자신의 위치 상황에 대해서 책임있는 삶을 살려고 하는 인간을 뜻합니다.

청년의 때에 성경공부와 세미나와 강연회 등을 통하여 복음의 본질과 능력을 받아 성숙한 인간이 되기 위해 힘써야 합니다.

훈련을 통한 교육이 있어야 한다

청년들은 훈련을 통해 미성숙한 자를 성숙하게 만들어 갈 수 있습니다. 제자훈련과 Q.T훈련, 전도훈련, 단기선교, 봉사활동 등의 훈련이 필요합니다. 청년세대의 취약점이 훈련입니다. 훈련이 없으면 지성적 신앙인이 되어 이론가가 될 수 있습니다.

청년세대는 거룩한 훈련을 받고 싶어 합니다. 그리하여 경건훈련과 제자훈련, 봉사훈련과 선교훈련 등이 필요합니다. 거룩한 훈련을 통해 체험하고 감동을 받으며 삶의 현장에서 실천해 보기를 즐깁니다.

청년세대를 위한 보다 적극적인 관심과 투자가 필요합니다. 그리할 때 교회는 활기차고 생동감이 있으며 살아 역사하는 교회로 바뀌어 갔습니다. 교회가 청년들에게 거룩한 훈련의 기회를 자주 갖도록 하는 것이 미래 교회의 멋진 계획을 위해 일하는 교회입니다.

3) 청년목회의 대안

최근 교회에 어린이가 점차 사라지고, 20-30대가 갖는 기독교에 대한 거부감이 교회의 미래를 어둡게 한다는 소식이 교계에 위기감을 더해 주고 있습니다. 하지만 이에 대해 아무도 이의를 제기하거나 반박할 수 없는 것이 현실의 절박함을 더하고 있습니다.

이러한 거대한 흐름을 어떻게 되돌릴 수 있을 것인가? 교회들은 청년목회의 중요성을 깨닫고 특별한 배려가 있어야 합니다. 그 대안을 제시해 보고자 합니다.

모든 공적 예배시간마다 교회학교와 청년부를 위해 기도한다

교회의 공적예배 때마다 교회학교와 청년부를 위해 빠짐없이 기도합니다. 교회의 기도를 통해 교회가 쏟고 있는 관심의 중심에 다음 세대 특히 청년들이 있다는 것을 온 교회가 함께 공감하게 합니다.

그뿐 아니라 교육 예산을 대폭 늘려 전체 교회예산의 30% 수준까지 올리고 지속적으로 교육 투자를 아끼지 않으면서 새로운 교육에 대한 시도도 이루어지게 합니다.

요즘 세대는 부모들이 자녀를 위해 아낌없이 희생하면서 쏟아 부어주는 시대로 바뀌고 있습니다. 특히 교회교육에서 청년부를 강조하는 이유는 수년 동안 철저하게 신앙교육을 받은 청년들이 견고하게 자리를 잡고 그 안에서 결혼하여 신앙의 가정을 형성한 후 자녀를 낳아 영아부를 신설하고 유치부가 크게 부흥하면서 영향을 끼치는 상황이 되면 교회의 미래에 대한 어두운 전망이 밝은 전망으로 바뀌어 질 수 있습니다.

꿈을 찾는 비전여행을 모든 청년이 참여하도록 교회가 지원해야 한다

단기여행을 통해 꿈을 키우는 비전여행을 할 수 있도록 교회가 적극적으로 기회를 줍니다. 수백 명의 중 고등학생과 청년들을 해외로 보내어 넓은 세상을 경험하게 합니다.

가깝게는 일본, 싱가폴, 필리핀, 말레이시아, 태국, 중국 등이 좋고 그리고 유럽과 남미, 아프리카, 호주, 뉴질랜드에 이르기까지 세계 곳곳에 발걸음이 닿을 수 있도록 해주는 월드비전프로젝트는 청년들로 하여금 자신들의 미래를 향해 꿈을 새롭게 해주는 동기를 부여해 주어야 합니다.

청년목회의 전임자를 세워 멘토 역활을 하게 해야 한다

장년부 중심으로 목회하던 것을 지향하여 다음 세대를 키우는 교회의 패러다임을 바꾸어야 합니다.

교육전도사로 주일만 와서 수고하도록 하지 말고 전임목회자를 두어 청년목회에만 전념하고 프로그램과 인간관계를 통해 멘티인 청년들이 목회자인 멘토를 통해 선한 영향력을 주도록 해야 합니다.

멘토인 청년목회자는 멘티인 청년들을 그들의 형편과 사정을 맞추고 가정, 학교, 직장, 사회에서 자유롭게 만나서 멘토의 역할을 하게 합니다. 그리하면 멘티인 청년은 멘토인 목회자의 좋은 영향을 받아 주의 일에 충성하게 되고 교회의 신실한 일꾼이 될 수 있습니다.

청년리더를 바로 세우고 같은 집단의 적극적 참여도를 유발한다

청년회의 핵심리더를 길러야 하고 그들이 중심이 되어 서로의 관심을 가지고 도와주며 인간적인 관심을 갖고 배려할 때 적극적 참여도를 이끌어 낼 수 있습니다.

청년리더의 인간성과 신앙심과 지도력이 있는 사람을 세울 때 큰 역할을 감당할 수 있습니다. 청년리더를 세우기 위해서는 장기적 투자와 관심을 갖고 해야 합니다.

교회 전체적인 관심과 배려와 투자가 필요합니다.

4) 청년목회의 유익

청년목회의 유익이란 청년들을 잘 육성하여 차세대 교회의 주인이 되도록 하는데 있습니다. 신앙이 성장하고 신앙의 가정을 이루고 신앙의 일꾼들을 길러내는데 주력하고 있습니다. 그 유익을 생각해 보면 다음과 같습니다.

첫째, 교회를 떠났던 청년들이 돌아와 그 비어있는 공백을 채우면서 교회가 염려하던 고령화의 문제와 동시에 침체된 교회 분위기가 젊고 생기있는 분위기로 전환되게 됩니다. 그 결과로 교회에 가득한 어린이와 청년들이 교회에 생기를 불어 넣고 젊은 부부들이 어린아이들을 안고 있는 모습 속에서 희망적인 미래를 보게 될 것입니다. 청년목회의 유익은 **'생기있는 교회 분위기'**가 되게 합니다.

둘째, 교회와 사회 안팎에서 나타난 세대 간의 단절은 온 가족이 교회에 와서 함께 예배함으로 해결됩니다. 평소에 자신들의 학업과 일에 바쁜 청년들도 교회에서 하루를 보내며 부모와 수시로 만나게 되고, 결혼하여 분가한 자녀들도 자연스럽게 주일날 교회에 와서 함께 예배드린 후 모이는 날이 됩니다.

흩어진 자녀들을 한자리에 모으는 역할을 합니다. 청년목회의 유익은 **'부모와 자녀와의 만남의 날'**이 되게 합니다.

셋째, 교회 청년들이 교회 어르신들에게 경로비전 여행을 시켜드립니다. 한 가정을 이루고 교회의 일꾼들이 되게 하기까지 물심양

면으로 지원하며 보살펴 주신 어른들에 대한 감사함과 보답하지 못한 미안한 마음을 품고 있는 청년들이 교회의 어른들을 잘 받들려는 자발적인 뜻이 결실을 맺어 70세 이상 되신 어르신들을 청년들이 모시고 제주도나 관광지를 관광시켜 드리는 경로비전 여행을 다녀오게 합니다.

그뿐 아니라 지역사회내에 거주하는 독거노인이 살고 있는 집을 리모델링하여 드리기, 가정의 달에는 청년부에서 직접 음식을 만들어 어르신들을 대접하는 경로잔치를 여는 등 다양한 연계 프로그램이 만들어지면서 세대가 소통하는 교회가 되어 따스한 분위기를 만들 수 있습니다. 청년목회의 유익은 '**효도를 실천하는 교회**'로 소문이 나고 더욱 부흥할 수 있습니다.

넷째, 교회에서 필요한 봉사 인력을 충분히 확보할 수 있습니다.

교회 내에는 여러 부서들이 있으므로 봉사할 인력이 필요합니다. 각급 교회학교 교사와 찬양대원 청년회 임원 그 밖의 필요한 봉사의 인력들을 충분히 확보할 수 있습니다. 신앙적으로 잘 훈련된 청년들이 각 분야에서 사역자 수급의 어려움을 잘 해결해 줍니다. 청년목회는 바로 미래의 교회를 살리는 긴급한 대안이 될 수 있습니다. 미래에 기대를 거는 교회라면 충분히 청년목회에 과감한 투자가 필요합니다.

청년목회의 유익은 '**미래의 교회를 준비하는 교회**'가 될 수 있습니다. 개인이나 교회나 국가가 미래가 없는 상황이 된다면 문을 닫아야 하고 역사의 뒤안길로 사라지게 됩니다. 미래를 준비하는 개인은 성공하고, 미래를 준비하는 기업도 번창하고, 미래를 준비하는 교회는 부흥하며, 미래를 준비하는 국가는 부강한 나라가 될 수 있습니다.

교회는 미래를 준비하는 교회로 '**청년목회**'에 심혈을 기울여야 할 때입니다. 늦었다고 생각될 때 시작하는 편이 한층 아름다운 열매를 맺을 수 있습니다.

● 청년 문화와 선교

1) 교회와 문화

어느 조직이든 그 조직의 문화가 있습니다. 사회에는 사회문화, 군대에는 군대문화, 학교에는 학교문화, 가정에는 가풍, 회사에는 그리고 기업에는 기업문화가 있습니다. 이처럼 교회에는 교회문화가 존재합니다. 각 교회마다 교회가 설립되는 동안 주전 멤버들의 성향과 신앙관에 따라 그 풍토가 조성될 수 있고 역사 속에서 교회만이 지닌 교회의 문화가 있습니다.

구성원들이 공유하고 있는 문화 요소에 따라 가치관과 신념과 이념, 관습과 규범, 전통 지식과 기술에 따라 조직 구성원들의 일체감과 응집력과 애교심 등으로 성패를 결정 지을 수 있습니다. 그리고 외부의 어떤 변화에도 탄력적으로 대응하며 생존하고 발전해 나갈 수 있습니다.

교회문화는 생명을 살리고 인간의 삶을 풍요롭게 해주어야 합니다. 교회문화는 교인들의 행동에 거대한 영향을 줍니다. 교회는 하나님의 말씀이라는 토양에 교회문화의 잔뿌리를 정착시켜 나가야 합니다. 정체성 있는 존재양식과 행동양식을 다듬고 의식화해 나가야 합니다.

오염된 교회문화는 바로잡고 교인 개개인의 신앙스타일도 달라져야 합니다. 그렇지 않고서는 가정과 직장과 사회의 문화를 개혁할 수 없습니다. 그러므로 교회문화부터 새롭게 가꾸어 나가야 합니다.

교회문화 창출의 주역 청년

문화의 창출 작업은 경작과 비슷합니다. 우선 농작물이 자랄 수 없는 척박하고 잡초가 무성한 황무지를 옥토로 만들어야 합니다.

오늘날 우리 교회문화의 오염과 부패 정도는 심각합니다. 하나님의 말씀과 거리가 먼 세속적인 문화만을 조성하며 성장에만 골몰하는 교회는 뭔가 잘못되어 가고 있습니다. 문화 앞에서 인간은 무기력할 수 밖에 없습니다.

그러나 인간은 문화의 지배를 받으면서 문화에 영향을 주는 주역이기도 합니다. 이런 문화를 창출해야 할 주역이 청년이 되어야 합니다. 잘못된 관습과 오염된 토양, 척박하고 야만적인 교회문화를 갈아엎어 비옥하게 해야 하는 주역이 청년이 되어야 합니다.

청년은 교회문화를 '**세상의 빛과 소금이 되는 교회**'로 만들어 가야 합니다. 기독청년들은 가정, 직장, 사회, 교회 등 어디서든지 자신이 속한 공동체의 문화를 바른 방향으로 변화시켜 나가야 할 사명이 있습니다.

문화 가꾸기는 북돋우기, 자르기, 제거하기가 균형을 이루어야 가능합니다. 좋은 문화 요소를 북돋우며 나쁜 문화 요소를 잘라내고 제거하다면 구성원들이 문제의식을 갖고 청년이 주역이 되어 새로운 문화를 창출해 가고 형성해 가야 합니다. 그러기 위해서는 희생이 따라야 하며 아픔이 있어야 합니다.

청년부의 교육문화

생각이 바로된 교회의 지도자들이라면 누구나 내일을 생각합니다. 그렇지 못한 지도자들은 훗날 어두워진 현실을 발견하고는 후회하게 되기 때문입니다.

오늘 10대가 없는 교회가 10년 후 20대가 많은 교회로 성장할 수 없습니다. 오늘 20대가 없는 교회는 미래교회의 장래가 암담합니다. 청년부가 죽은 교회는 미래가 없습니다. 국민의 70-80%가 기독교인이던 유럽의 교회들은 지금 노인들만이 교회를 지키고 있습니다. 유럽교회의 앞날은 대단히 어렵습니다.

그럼 현재 국민의 25%가 기독교인이라는 한국교회의 미래는 어찌될까요? 우리도 유럽교회와 같이 비참한 모습으로 전락되기 전에 청년목회에 집중하여 미래교회를 밝게 해야 합니다. 그러므로 청년을 살리는 일은 교회를 살리는 가장 근본적이며 효과적인 일입니다.

지금 청년이 10-20년 후에 주역이 되게 하기 위해서는 청년부 살리기 운동에 나서야 하며 청년부에 많은 관심을 가져야 합니다. 청년층이 두터워지면 재정적으로는 당장 어려울지도 모르지만 일할 사람이 많아 교회학교와 성가대가 자연히 성장하게 됩니다. 그럼 청년부의 교육문화를 어떻게 강화해야 할까요?

첫째, 시설을 잘해야 합니다.

지금 당장 돈이 드는 일이지만 젊은이들을 위한 공간을 마련해 주어야 합니다. 지금 대부분의 교회는 젊은이들이 모여서 뭔가를 할 공간이 많이 부족합니다. 간혹 대형교회 중 청년들을 위해 카페나 공연장을 마련해 주기도 하지만 대부분의 교회가 젊은이들의 공간이 부족하거나 없습니다.

둘째, 지도자와 프로그램 개발입니다.

요즘 신세대들은 자신에게 도움이 되는 일 이외에는 별 관심을 보이지 않습니다. 신세대의 관심을 끌지 못하고 도움이 되지 못하는 프로그램이 계속되면 유능한 젊은이들은 모두 다른 교회로 가 버리든지 세상문화에 빠져 들어 갈 수 있습니다.

그러므로 청년부 지도자를 유명한 자 유능한 자를 세워야 하며 좋은 프로그램을 개발하여 적용해야 합니다.

청년들이 교회를 떠난다고 비판적으로 생각하지만 유능한 지도자와 좋은 프로그램만 있다면 청년들은 몰려올 것입니다. 청년부를 살리기 위해서는 유능한 지도자를 세워 주관하게 하고 교회 담임 목사와 제직들이 팔을 걷어붙이고 청년부 육성에 나선다면 청년부는 부흥할 것입니다.

셋째, 청년들을 교회의 주역으로 세운다는 교회의 관심이 필요합니다.

청년에 대한 교회의 관심은 청년부에 대한 예산편성으로 나타납니다. 청년부 예산 배려가 교회의 미래 지표가 될 수 있습니다.

청년부의 성장 비결은 담임 목사의 목회철학과 당회의 관심과 교회 예산에 달려 있습니다.

담임 목사와 청년들을 위한 열린 목회와 당회의 사랑의 관심과 예산배려는 교회에 청년들이 모여들게 되는 요인이 됩니다.

넷째, 청년들의 문화를 이해하는데 있습니다.

청년들은 기성세대와는 전혀 다른 문화를 가지고 있습니다. 청년들은 통일, 인권, 정의, 평등, 평화문제에 관심을 가지고 있습니다. 그러나 교회는 개인의 축복과 심령의 위안만을 강조하는 경향이 많습니다.

장년 예배의 모든 집회 순서는 틀에 박힌 듯 언제나 똑같고 거기에서 외쳐지는 메시지가 젊은 세대의 관심과는 거리가 먼 주제들이라면 청년들은 그 집회에 참석하지 않습니다.

청년들의 관심사인 통일문제, 인권문제, 정의와 평화 문제들을 다룰 수 있어야 합니다. 청년부 살리기는 말만으로 되지 않습니다. 담임 목사를 선두로 당회가 적극 나서며 청년부의 유능한 전임 목회자를 세워 청년들의 문화를 이해하고 선도해 가야 합니다.

2) 청년문화와 선교

영화와 연극을 통한 선교

태초에 인간의 시작은 밝은 곳과 어두운 곳을 구별하고 자연의 많은 사건들을 보았으며 동물을 쫓아 이리저리 뛰어 다녔습니다. 또한 자기의 어떤 생각을 동료에게 전하기 위해서는 손짓 발짓으로부터 얼굴 표정에 이르기까지 할 수 있는 방법은 모두 했을 것입니다. 그것이 점차 시대가 지남에 따라 자연 어떤 규정된 언어로 발전하게 되고 이 언어에 의해서 서로의 생각과 사상들이 전달되게 되었습니다.

그러므로 영화와 연극은 다른 다양한 예술의 대열 속에서 우리와 가장 친근하고 흥미있는 젊은 예술로써 우리의 눈과 귀를 통해 현실을 재생시켜 직접적인 감동을 주고 현실의 인상을 우리의 마음속에 가장 잘 심어주는 시간과 공간의 예술입니다.

영화는 종합예술입니다. 영화에는 문학과 배우의 연기, 음악과 미술 등의 예술부분을 수반하면서 편집과 현상 등 과학적이고 연기적인 분야를 요건으로 합니다.

근래 우리 주위에는 '**영상문화**', '**시청각**'이란 말이 흔히 쓰이고 있습니다. 이러한 영상문화를 통해 선교에 큰 영향을 줄 수 있습니다.

고 이태석 신부의 일생을 그린 《울지마 톰즈》 영화는 모든 사람들에게 감동을 주었습니다. 성경의 소재로 많이 다루는 내용들에는 탕자 이야기, 선한 사마리아 사람, 솔로몬의 지혜, 요셉의 이야기 등이 있고 그 역할에 따라 많은 감동을 주고 선교에 큰 기여를 하므로 영화와 연극을 통한 선교가 필요합니다.

복음성가를 통한 예배와 전도

음악을 통한 하나님의 임재가 있는 예배와 전도를 추구하고 있습니다. 음악은 그 가사의 내용과 곡의 성향을 따라 사람의 마음을 감동케 하고 몸의 전율을 느끼게 하며 행동을 연출케 합니다. 그러므로 복음성가와 국악을 통한 예배와 전도에도 큰 효과가 있습니다.

복음성가나 국악이 한국교회뿐만 아니라 전 세계교회의 모든 청소년들과 청년들과 성도들이 다 함께 애송하고 있으며 모든 집회에서는 물론이거니와 정규 예배에서도 부르는 실정입니다.

복음성가에 대한 역사는 1930년대에 복음주의적 교회음악을 서구 교회에서 사용하였던 것이 그 시작이라 할 수 있습니다. 당시에는 여러 가지 악기들을 사용하면서 불렀고 같은 시대의 세속 음악과는 엄연히 구별된 것으로써 기독교 음악의 한 장르로 인정을 받았습니다.

그러나 1950년 대 말 영국교회에서 1940년대에 유행하던 율동음악 형태와 비슷한 재즈 음악 풍의 복음성가가 유행하였고 60년대 말에서 70년대에 이르면서 큰 소리와 함께 몸을 흔들며 노래 부르는 팝음악이 유행하면서 그런 리듬에 복음적 가사로 노래하는 복음성가가 유럽과 미국의 신·구교회를 휩쓸었고 한국교회에까지 확산되었습니다.

복음성가는 교회음악이 가질 수 있는 깊이 있고 무게 있는 가락을 누구나 쉽게 부를 수 있고 거기서 가사를 체험할 수 있는 작곡 기법으로 만들어져야 합니다.

교회의 찬송이 의지적이며 정서를 차분하게 하여서 하나님과의 관계형성을 깊이 해 준다면 복음성가는 사람과 사람과의 뜨거운 감정적 관계형성과 식어가는 감정을 관리해 줍니다.

복음성가는 구조상 대중에게 호소력이 있어야 하고 특히 젊은 세대들과 현대인에게 쉽게 접할 수 있는 음악이어야 합니다.

가사 역시 성경과 신학적 의미에다 바탕을 두어야 합니다. 또한 복음성가는 복음성가의 본래의 위치인 전도집회, 친교, 대중집회, 공동체의 관계형성을 위한 모임에서 사용되어야 합니다.

- 복음성가는 전도, 성경공부 시에 사용하는 것이 좋습니다.
- 복음성가는 교인의 사귐 또는 교육적 모임에서 부르는 것이 좋습니다.
- 복음성가는 기독교인의 생활현장을 돕기 위한 것입니다.
- 교회성장과 성도들의 신앙성장에 도움이 됩니다.

복음성가를 통한 선교 방법은 다음과 같습니다.
- 국악을 통한 예배와 전도
- 바이올린을 통한 예배와 전도
- 하모니카를 통한 예배와 전도
- 피아노를 통한 예배와 전도 등이 있습니다.

교회 무용을 통한 예배와 전도

선교의 방법에는 다양한 방법이 이용되므로 음악, 악기, 체육, 무용 등을 매개체로 해서 복음 선교에 열중하고 있는 것이 여러 분야에서 나타나고 있습니다.

그 중 무용으로 세상을 향한 선교의 열망을 품은 교회무용가들이 모여 교회무용의 정체성을 찾고 교회무용을 이론적으로 정립하고자 2009년 2월 한국교회 무용연구회로 출발 2010년 7월에는 한국교회무용학회(회장 정견진 교수)로 그 명칭을 바꾸고 활발한 활동을 이어나가고 있습니다.

교회무용은 이론적으로 정립되지 않은 상태지만 이론과 실기를 통해 균형발전을 이루려고 노력하고 있으며 활동으로는 세미나, 정기공연, 집회사역을 통해 지속적인 활동을 펼쳐나가고 있습니다.

교회무용에는 예배 의식 때 쓰이는 예배무용, 즉 의식무용으로서의 예배무용과 기독교인의 생활문화 속에 쓰이는 문화축제 형식의 무용으로 사용하고 있습니다. 현재 많이 사역되고 있는 선교무용, 몸찬양, 워십 등을 경배 무용이라 합니다.

교회무용을 하는 이들이 무용을 통해 하나님께 경배하고자 하는 마음으로 무대에 올라 몸으로 표현하지만 어떤 공연은 상황과 무대가 맞지 않게 행해지는 경우도 종종 있습니다.

지금은 교회무용이 기독교 문화행사에서만 참여하는 것으로 국한되어 있어 예배의식 속에 들어가지 못하고 예배의 외곽지대에만 있는 실정입니다. 앞으로 무용도 찬양처럼 예배 가운데 드려질 수 있다면 예전 무용은 더욱 활발해 질 것입니다.

지금까지의 교회무용은 장구를 통한 무용과 몸으로 하는 무용 등으로 활동되고 있습니다. 부분적으로 율동신학교, 찬양신학교 등에서 찬양과 무용 등이 강의되고 있으며 그 활동은 아직 미약한 상태라고 할 수 있습니다.

기타의 방법을 통한 전도

　제자학교, 전도학교 등을 통해 전도를 위한 일꾼을 양성하고 선교회를 통한 기도와 복음을 통해 열방에 복음을 전하는 방법들이 행해지고 있습니다.
　체육선교를 통해 선교하고 태권도를 통해 전도하는 선교회 등도 있습니다. 어떤 방법으로 하던지 땅 끝까지 복음이 전해지고 이 땅에 하나님 나라가 임하도록 힘써야 할 사명이 오늘의 교회에 주어진 사명입니다.

3) 교회문화 선교

　요즘에는 교회안의 어른들도 문화에 대해 관심을 갖기 시작했습니다. 어른 중에서도 문화에 대한 부정적인 생각을 가진 사람들이 있습니다. 그들은 문화 속에서 위험 요소를 발견했기 때문에 부정적인 생각을 갖게 되었습니다.
　요즘 교회학교 학생들이 교회에 나오지 않는 이유를 알아보았더니 핍박이나 가난 때문이 아니라 대부분 문화적인 문제라는 것입니다. 아이들은 T.V의 만화영화를 보느라 교회학교에 나오지 않고, 청소년과 청년들은 교회에 오면 전통만 강조하고 어른들의 권위의식만 접하게 되니까 오히려 교회에 가면 스트레스를 받고 시간만 낭비하는 것 같다는 생각을 합니다.
　그리고 어른들은 연속극을 보느라고 예배에 빠지고 있습니다. 같은 현상들은 세상문화가 교회의 문화보다 앞서고 있기 때문입니다. 교회문화선교를 위한 선교전략을 다음과 같이 세워야 합니다.

다양한 영상자료를 통해 복음을 제시한다

우리는 효과적인 복음전파, 교육, 상담을 위하여 다양한 영상자료를 활용할 수 있어야 합니다. 문화적 자원들은 우리의 삶에서 기적의 손을 가지고 있습니다.

오늘날 사람들은 다른 사람의 삶으로부터 배우려 하지 않고 자신의 체험을 통해서만 배우려고 하니 문화적 자료들은 그들을 신앙으로 인도하는 복음전파의 도구가 될 수 있습니다. 청년들과 교우들에게 호소력 있는 메시지를 전달하는 방편이 될 것입니다.

좋은 가르침으로 접촉점을 찾아야 한다

성도는 좋은 멘토의 가르침을 통해 멘티로서 잘 성장할 수 있습니다. 멘토와 멘티 사이에 좋은 가르침을 통해 접촉감을 가져야 합니다. 오늘의 이 시대를 살아가는 우리는 현시대의 문화적 내용물과 접촉점을 가지므로 영향을 받습니다. 좋은 접촉점을 잘 활용해야 합니다.

좋은 메시지는 강한 진동과 진한 충격을 준다

문화를 이해하고 활용하면서 복음전파를 기획할 때 우리는 메시지 혁명이 주는 의미를 깊이 깨닫게 됩니다. 시청각 교재, 비디오, 컴퓨터 등을 통해 커뮤니케이션을 전문화하면 효과가 있습니다.

시청각 언어는 어린이들과 장년들에게도 진동, 충격, 흔적 감동을 줍니다. 내용을 전달한 사람이 떠난 뒤에도 들은 사람의 마음속 깊이 남아 있는 것들이 메시지라고 할 수 있습니다. 책을 많이 읽고 준비된 메시지는 감동을 줍니다.

복음적인 메시지는 복음적인 진동과 흔적을 남긴다

복음적인 메시지는 예수님이 설교하실 때 전파하고 전달하신 총체적인 분위기, 충격, 진동이 복음의 내용을 규정합니다. 진정한 복음적 메시지는 성도들 가슴 속에 전달되는 복음적 충격이며 복음적 진동이기 때문입니다.

문화의 진동을 넘어서 말씀의 진동을 향해 가게 한다

드라마는 사람을 끌어당기는 힘이 있습니다. 성경은 하나님의 살아 있는 활동과 드라마 속으로 우리를 초대합니다.

우리는 문화적 매체를 이런 말씀의 진동과 하나님 나라의 진동을 체험케 하기 위해 활용해야 합니다.

교회문화선교는 타문화 선교에도 폭을 넓혀야 한다

한국은 2009년 통계에 의하면 외국인 100만 명을 넘어서서 명실

공히 다문화국가가 되어가고 있습니다. 그에 따른 결과로 국제결혼 가구가 15만이 넘는 것으로 추산되고 있습니다.

다문화가정은 매년 3~4만 가구가 발생하고 또한 1만 가구가 이혼을 하고 있는 것으로 추산되고 있습니다. 이런 상황에서 한국교회는 다문화가정에 대한 관심을 갖고 선교의 폭을 넓혀가야만 합니다.

앞으로 한국은 2020년이면 외국인수가 전체 인구의 5%을 넘을 것으로 예측하고 있으면 OECD에서도 더 이상 한국이 단일민족국가라는 용어를 쓸 수 없게 될 것입니다.

다민족, 다문화, 다문화권에 선교의 장을 넓혀서 하나님 나라를 확장해 가야 합니다. 다민족에 대한 이해와 관심을 갖고 그들도 다 같은 하나님의 백성이라는 사실을 인정하고 선교하며 예수님의 사랑으로 돌보아주는 교회의 문화를 이루어가야 합니다.

● 한국교회 청년들의 소원

한국교회는 외형으로는 성장했으나 내적으로는 위기를 맞고 있습니다. 다음 세대를 이어갈 젊은이들이 교회를 떠나기 때문입니다. 이는 곧 한국교회가 위기라는 말과 같습니다.

청년 크리스천의 감소추세를 방치해서 야기될 한국교회의 빠른 노령화 문제는 교단 및 교회들이 위기를 알면서도 피상적으로 대응할 뿐 진정한 관심이 없다는 것입니다.

교회를 떠나가는 청년들은 정확한 통계는 없지만 한국교회에서 청년비중은 5% 안팎 정도 밖에 안됩니다. 예장통합교단 2009년 말기준으로 보면 5.8%에 머무른다고 했습니다.

한국교회 현재의 추세를 통해보면 10에 7명의 청년들이 20대를 거치며 교회를 떠나고 있다고 합니다. 이대로 방치만 한다면 유럽 교회와 같이 되는 날이 멀지 않았습니다. 그 대안을 찾아야 한국교회의 장래가 밝을 수 있습니다.

1) 교회를 떠나는 청년들의 이유

청년들이 교회를 떠나는 이유들이 다양하겠지만 대표적인 몇 가지만 소개 하고자 합니다.

부모님 신앙으로 교회 다니다가 자기 신앙이 생기기 전 떠난다

어려서부터 부모님을 따라 신앙생활을 하면서 습관적으로 부모님의 신앙에 의해 나가다가 교회 내부에서 장로님들과 목사님이 싸우시는데 실망해서 떠난 후에 여기저기 전전하다 큰 교회로 모이거나 결국 등지거나 하는 경우가 많습니다.

청년들은 교회가 평화롭고 갈등 관계가 없는 사랑의 안식처이기를 바랍니다. 청년들이 교회를 떠나는 이유는 목사님은 신앙이 경건하고 장로님들은 순종하는 신앙을 미덕으로 알던 청년들이 교회의 싸움과 갈등을 보고 실망하여 교회를 떠나게 됩니다.

인생의 격변기인 20-30대에 신앙 훈련을 못했기 때문에 떠난다

　중 고등부시절에는 입시 위주 교육 때문에 부담을 갖고 교회에 나오기 때문에 진지한 신앙생활을 못하고 이때의 활동은 솔직히 친교, 재주 위주로 모이고 신앙을 지킬 영적 훈련이 잘 안 되어 있습니다.
　그들이 교회에서 누리는 재미는 세상에서도 얼마든지 누릴 수 있으므로 교회에 남아 있을 이유를 못 느낀다는 것입니다. 그러므로 철저한 신앙훈련이 필요합니다. 자기 스스로 경험해 보고 주도해 갈 수 있는 기회가 필요합니다.

꿈을 키워줄 좋은 멘토인 목회자나 교사를 못 만났기 때문이다

　청년기에는 꿈도 많고 고민도 많은 시절입니다. 자신의 꿈과 고민을 마음 놓고 이야기 할 수 있는 목회자와 교사를 만나지 못했기 때문입니다.
　중 고등부 때나 청년의 때 지도하는 자가 교육전도사이며, 지도교사가 없거나 명목상으로 세워놓고 일하지 않고 있기 때문에 선한 영향력을 끼칠 수가 없습니다.
　교육전도사는 1~2년 후에는 떠날 것이고 교사도 없는 상태에서 자기의 꿈과 고민을 함께 나눌 사람이 없게 되므로 교회에 오는 횟수가 줄어들고 그러다가 친구도 없고 와서도 시간만 낭비하는 듯하여 아예 교회를 떠나는 경우들이 많습니다. 한번 떠난 청년들이 다시 돌아오기까지는 힘들고 어려움이 많습니다.

2) 청년들의 소원

구원의 확신과 삶의 변화를 소원한다

중 고등부 집회도 공과공부 시간 외에는 대부분 설교시간으로 할애되어 교육과 양육이 되지 않고 교육전도사님들은 초보적인 상태에서 시작하기 때문에 프로그램은 부장집사님의 관행에 따라 좌우되고 단지 설교 정도만 담당하는 경향들이 있습니다.

청년들 집회도 교육과 양육 프로그램 시스템으로 운영되는 것이 아니라 지식만 쌓여가는 정도로 세상에 사는 동안 영양분이 되지 못하였습니다. 청년들의 소원은 구원의 확신과 예수님과 하나님, 성령님이 어떤 분인지를 심장 깊은 곳까지 채워 주어 삶이 바뀌는 역사를 소원합니다.

하나님을 위해 사는 삶이 얼마나 기쁜지 알면 알수록 헌신하게 되고 헌신 할수록 주님의 영광을 보게 되며 교회가 청년들을 그런 삶으로 인도해야 합니다.

청년들은 멘토가 되는 지도자를 통해 구원의 확신을 경험하고 그들의 삶에 영향력을 줄 때 교회를 떠나지 않고 헌신자가 되고 추종자가 되기를 원합니다.

따뜻하게 환영하고 진지하게 삶을 나누기를 소원한다

세상은 경쟁의 사회요 돈이 없으면 냉대받는 사회요 냉혹한 면이 있습니다. 그러나 청년들이 교회에 찾아왔을 때 세상에서 느끼지 못하는 따뜻한 환영으로 영접을 해주면 교회의 다른 면을 생각하게 되고 진지하게 삶을 살아가게 하며 세속적인 것보다 가치 있는 것에 에너지를 쓸 수 있도록 출구를 만들어 주는 교회를 청년들은 소원하고 있습니다.

청년들이 세상에서 느껴보지 못한 그리스도의 아가페적 사랑을 받아보고 교회가 그들에게 인간적 관심을 갖고 대할 때 마음 문을 열고 다가오며 그리스도를 위해 헌신할 것을 다짐합니다.

교회의 경건은 세상과는 다르기를 소원한다

교회 안에서 세상과 똑같은 부조리를 느끼게 되면 청년은 교회가 세상과 다를 바가 없다고 생각하며 실망하고 떠나고 맙니다. 교회에서 세상과 똑같은 부조리를 느끼게 하지 말아야 합니다.

교회 안에서 비리, 이해관계에 따른 이합집산, 재산, 지위권력에 따른 대우 등을 보면 청년들은 가차없이 교회를 떠납니다. 교회가 청렴결백하기를 소원하고 있습니다. 청년들은 목회자의 청빈한 삶의 모습과 중직자들의 경건한 삶 속에서 이해와 사랑 평등을 위해 일하는 것을 존경합니다.

참제자를 양육하는 교회되기를 소원한다

청년들은 예수님의 마지막 명령처럼 "너희는 가서 모든 족속을 제자로 삼아 아버지와 아들과 성령의 이름으로 세례를 주고 내가 분부한 것을 가르쳐 지키게 하라"는 선교와 교육을 통해 참제자로 양육 받기를 소원합니다.

  교회는 단기간에 청년부를 키우려 하지 말고 장기적 안목을 갖고 키워나가야 합니다. 바리새인 같은 종교인 여럿보다는 단 한 명이라도 참제자를 키워 내기를 소원합니다. 교회는 대량적인 수적 성장을 선호하나, 청년들은 바르고 옳은 참제자로 자라나길 소원합니다.

3) 목회자의 제언

  목회자의 고민과 숙제는 청년들이 쉽게 교회를 떠나는 것을 아픔으로 알고 고민과 숙제로 생각하고 있습니다. 목회자의 소리에 청년들은 귀를 기울이고 유념해 주면 좋겠습니다.

청년들이여 교회의 주인의식을 가져라

  현재의 교회청년들은 미래 교회를 책임질 사람으로 교회의 주인의식을 가져 주시기를 바랍니다. 교회가 무엇을 해주기를 바라기 전에 내가 교회를 위해 무엇을 할 것인가를 생각해 주기를 바랍니다.

  청년들이 교회를 떠나는 이유를 말할 때 교회를 떠나도 잃을 것이 없기 때문이라고 합니다. 어른들은 교회에 사회적 관계에 얽혀 있어 어지간한 잘못을 봐도 떠날 수 없지만 청년들은 조금만 실망해도 떠납니다.

  청년들이여 멀리 보고 넓게 세상을 보기를 원합니다. 당장 교회를 떠나면 잃을 것이 없어 보여도 교회를 떠나 세상에서 믿음 없이 살면 구원과 그리스도의 사랑을 잃게 됩니다. 욥의 인내를 본받아 참고 견디며 미래의 교회의 주인의식을 갖고 교회를 바로 이해하고 지켜가기를 소원합니다.

구원받은 청년들은 그에 맞는 삶을 살아라

구원받은 청년들이여 비전을 가지시기를 바랍니다. 구원받은 청년들은 그에 맞는 삶을 살기 위해 프로그램을 계발하고 비전을 갖고 나가시기를 소원합니다.

청년들은 주일 예배만 드리는 신앙생활을 원치 않습니다. 예수 믿고 구원받았다면 그에 맞는 삶을 원하고 그 표본을 교회에서 발견하고 싶어 합니다. 청년들이여 피동적인 인물이 되지 말고 능동적인 인물이 되시기를 바랍니다. 자신의 재능과 능력에 따라 자원하여 봉사해 주시기를 소원합니다.

청년들이여! 또래에게 삶으로 본을 보여주라

청년부 내에서 소수라도 신앙훈련을 확실히 받은 청년들이 또래에게 삶으로 본을 보이면 공동체는 살아납니다.

청년 중에 좋은 멘토가 있어 다른 청년들에게 선한 영향력을 끼칠 때 공동체는 활성화됩니다. 청년들이 비전을 갖고 자기 또래 청년들에게 삶으로 본을 보여 주고 내실 있는 청년회를 만들어가고 희망 있는 청년회를 이루어가서 청년의 때에 국가와 민족 세계평화와 선교의 꿈을 이루어가야 합니다. 그리할 때 한국교회는 장래가 있으며 미래가 있는 교회가 될 것입니다.

이상적인
청년목회 모델

1. 청년목회 2. 청년 부흥의 열쇠 3. 청년이 교회를 떠나는 10가지 이유
4. 고등부와 청년부의 연계성

◯ 청년목회

1) 청년부 조직
  ① 청년1부 : 20-25세까지
  ② 청년2부 : 26세 이상에서 결혼 전까지

2) 청년부 활동
  ① 청년부 교구제도를 둔다.
   : 청년부원 심방을 통해 교제하고 신앙적으로 지도한다.
  ② 청년 리더십 훈련코스를 운영한다.
  ③ 비전 트립을 실시한다.

3) 한국교회 청년대학부 10대 현상

청년부 지도 교역자는 철새 교역자이다

일반적인 교회의 보통 상황은 신대원 2학년 때에 교육전도사로 초빙하여 다른 부서와 함께 지도하도록 하고 교역자로 더 연장하여 지도하도록 했다가 전임 교역자로 가기 위해 교회를 사임하여 가는 철새 교역자의 역할 밖에 하지 못하다가 떠납니다.

교회청년들은 마당쇠와 같은 일을 한다

마당쇠라는 의미는 1인 다역의 일을 하는 청년들을 의미합니다. 교회학교 교사나 성가대원 일을 하면서 청년회 활동도 함께 하는 마당쇠 청년들처럼 일을 합니다. 그러므로 시간을 진지하게 가지지 못하고 한 가지 일도 성실하게 감당하기에 어렵습니다.

빠져나간 기둥들이 많다

청년들이 자기가 자란 교회에서 자리 잡고 일해야 되는데 할 일을 찾지 못하고 선교단체로 빠져나가는 경우들이 많습니다.

터줏대감 증후군에 빠진 청년들이 있다

교회 자체 내에서 오래 다니고 내용을 잘 안다고 터줏대감 노릇을 하며 일보다는 기수 따지고 뺀질 거리는 태도로 임하는 청년들이 있습니다.

패잔병증후군에 빠진 청년들이 있다

교회 내에서 이성교제로 얽히고 설키고 해서 실패함으로 패잔병처럼 행동하는 청년들이 있습니다. 이성교제에 성공하면 이성교제에만 빠져서 교회 일에는 등한히 하고 또 이성교제에 실패함으로 인생패잔병처럼 활동하는 경우들이 있습니다.

허수아비처럼 살아가는 청년이 있다

허수아비처럼 생명이 없고 자리만 채우는, 돈도 없고 빽도 없다는 자괴감으로 나태해지고 낙담하는 청년들을 의미합니다.

만년야당 청년들이 있다

청년회 임원들이 열심히 모이고 활동하려고 해도 만년야당 청년들은 모임에도 등한히 하고 청년 임원들이 하는 일을 반대하며 이유를 많이 붙여 일 못하도록 하는 청년들이 있습니다.

범생이 같은 청년들이 있다

범생이 같은 청년들은 일은 하지 않고 노인들처럼 말은 많이 하고 바보같이 일을 하는 자들입니다. 바보들처럼 일하는 것은 효과도 없고 오히려 일을 그릇되게 하는 청년들입니다.

임원들에 대하여 불신하는 청년들이 있다

일하는 청년들에 대해 피해의식을 갖고 그들이 하는 일을 방어의식을 갖고 불신하는 경우의 청년들을 의미합니다. 임원들에게 불신 풍조를 가지면 협력과 협동이 잘 안되고 일을 그르치게 합니다.

달동네 백수들과 같은 청년들이 있다

달동네 사람들은 없는 것을 탓하고 하려고 하는 의욕도 안 가지며 자원난이나 인재난이나 공간난만 탓하는 청년들입니다.

4) 청년대학부 부흥을 위한 5가지 제안

젊은이 중심의 주일 대예배를 통한 부흥의 길

교회내부에 있는 20~30대 젊은 층 중심의 활기 있는 예배를 드리게 될 때 젊은이들이 소속감과 친밀감을 갖고 모이기에 힘쓰고 젊은이다운 예배로 활력을 찾을 수 있습니다.

청년대학부 예배의 활성화를 통한 부흥의 길

현재 드리고 있는 청년대학부 예배를 쇄신하고 내실을 기하는 예배와 프로그램을 진행하므로 청년부 부흥을 꾀합니다

감동적인 청년예배와 강력한 이벤트를 마련하라

청년예배 자체가 찬양과 예배를 통해 감동을 주고 강력한 이벤트 프로그램을 통해 참여, 주관, 협동하게 하므로 청년부 부흥을 꾀합니다.

느슨한 소그룹 사역과 리더 훈련이 필요하다

교회는 리더를 훈련하여 세워야 합니다. 3개월 정도의 리더 훈련을 두 번 정도 실시하고 그 다음에 6개월 정도의 리더 훈련을 통해 단계적으로 발전해 나가는 것이 필요합니다.

소그룹 제자 훈련을 시킨다

느린 것 같아도 소그룹 제자 훈련을 통한 부흥을 모색하는 것이 가장 확실합니다. 제자학교나 알파코스 훈련 같은 것을 통해 예수님의 제자를 양육합니다.

5) 하나님께 쓰임 받는 청년사역자

주님 앞에 무릎 꿇는 예배자

사역자는 회의에 밝은 것이 아니라 예배에 밝아야 합니다. 사역자가 예배의 영에 충만할 때 그가 인도하는 예배에는 은혜가 넘칩니다.

말씀에 목숨을 거는 사람

말씀을 전하다가 죽어도 좋다는 다짐을 합니다. 항상 내 인생의 마지막 설교처럼 강단에서 외칩니다.

사역에 필요한 실제적 능력을 갖춘 사람

커뮤니케이션 능력을 갖춰야 합니다. 명확한 발음과 단문 구사능력을 배양하고 부지런히 독서해야 합니다.

팀사역에 대비하는 사람

팀사역을 잘하려면 팀원에게 권한을 이양하고 그를 신뢰해야 합니다. 또한 팀원들을 이해하는 마음이 있어야 합니다.

자신의 고유한 은사에 긍지를 가지는 사람

남을 흉내 내지 않고 자신의 고유한 은사를 십분 발휘하며 자신만의 고유한 스타일을 잘 선용합니다.

청년을 향한 열정을 가진 사람

청년을 위해 죽어도 좋다는 생각을 가지고 청년 때문에 웃고 청년 때문에 우는 열정적인 사람입니다.

● 청년부 부흥의 강력한 열쇠

1) 교회속의 작은 교회 운동이 일어나야 한다

- 말씀을 선포하는 케리그마
- 가르치는 활동인 디다케
- 함께 모여서 기도하고 빵을 나누어 예수를 기념하는 예전
- 공동체(교제)를 지닌 코이노니아

- 궁핍한 사람들을 돌보는 디아코니아.

예배, 선포, 교육, 공동체, 봉사 등이 있는 교회 속의 작은 교회

2) 장년의 영성과 가치를 전수받는 청년부가 되어야 한다

청년부 교사는 청년영성과 장년영성을 이어주는 가교의 역할이 되어야 합니다.

3) 청년의 신앙인격의 성숙

청년부는 나눔이 있는 청년부가 되어야 합니다. 열심히 나누어 주면 청년들은 좋아하고 긍지를 갖게 됩니다.

4) 청년부의 넉넉한 살림

청년부는 돈주머니에 자유가 있어야 하며 청년부 자체적인 재정의 독립이 보장되어야 합니다.

- 드려진 헌금을 자체 경비로 쓴다.
- 배정된 교육보조금을 책정한다.
- 장기적으로 십일조 교인이 되도록 훈련한다.
- 불도저식 십일조 교인 만들기를 한다.
- 헌금하는 재미와 돈쓰는 재미가 있어야 한다.

5) 준비된 청년 예배

- 청년부의 부흥을 원한다면 예배에 승부를 걸어라 – 실제는 예배를 통해 은혜를 받습니다.
- 예배에서 소외된 자를 찾아라 – 예배 서비스의 확대가 필요합니다.
- 청년의 역동성이 한껏 드러나는 예배해야 합니다.
- 청년 예배의 끝없는 미학적 배려가 필요합니다.

6) 청년부 조직을 강화하라

__인사가 만사다__
- 중간 지도자를 키워라 – 자율성의 원리
- 12지파 무한대 조편성을 하라 – 효율성의 원리
- 지파의 전통성을 만들어 주어라 – 역사성의 원리

__청년부 담임 교사제를 두라__
- 구역장 같은 교사로 친구같은 선생님이 되어야 한다.
- 청년부 교사는 청년이 깃들 보금자리가 되어야 한다.

__일하는 청년회가 되도록 하라__

일하는 청년은 아름답습니다. 일하지 않고 말만 하는 청년회는 발전이 없습니다. 일하는 청년들은 한 지파의 교회를 후원하도록 하여 나눔의 감격을 누리며 나눠야 산다는 삶의 방법을 가르쳐 줍니다.
- 사람에 대한 청사진을 가진다.
- 타인에 대한 관심과 사랑을 가르치라.
- 사랑은 이해, 존경, 헌신, 용납하는 것이다.

7) 청년을 흥분케 하는 설교를 하라

청년부 설교 담당자는 청년을 흥분케 하는 설교를 준비하고 할 수 있어야 합니다.
- 청년 설교는 분명 다르다.
- 청년들은 설교를 통해 현실에 대한 관점을 얻고자 한다.
- 고통을 인내할 수 있는 위로의 메시지를 듣고자 한다.
- 잘못을 꾸짖는 훈장님을 기대한다.
- 성경해석에 충실한 복음적 설교를 원한다.
- 설교 공간을 최상으로 조성하라.

8) 청년문화를 창조하라

동아리 발표회와 왈츠파티, 피로연 등이 필요합니다. 이는 청년은 문화를 즐기고 싶어 하기에 교회 청년문화와 그 창조적 자리매김이 필요하기 때문입니다.
- 청년들이 즐길 문화를 만들어 주어라.
- 영향력 있는 청년문화를 개발하라.
- 왈츠파티가 청년들에게 필요하다 – 포크댄스를 통해 얼굴 익히기가 필요하고 교사들의 음식 봉사는 효과적입니다.
- 교회 청년문화를 이렇게 시작하라 – 예술에 대한 깊은 이해에서 출발하고 사회에 대한 깊은 이해와 성경에 대한 깊은 이해에서 출발합니다.

9) 틈새시장을 공략하라

군에 간 청년들에게 관심을 갖고 청년회 주보와 소식지를 군에 간 청년들에게 보내주고 편지도 자주합니다.

- 목회 방법은 항상 개혁되어야 한다.
- 시대를 앞서 가는 목회 방식이어야 한다.
- 목회는 예배에서 출발해야 한다.
- 군에 간 청년을 목회에서 소외 시켜서는 안된다.
- 항상 목회의 틈새시장을 찾아야 한다.

10) 청년부를 위한 시상제를 실시하라

청년부 회원들을 위해 시상제를 실시하여 경쟁과 열심을 경주하도록 하며 잘한 자에게 시상을 주는 제도를 실시합니다.
- 상급의 원리 : 가시적 신앙생활의 목표
- 효과의 원리 : 동기부여가 분명한 상을 제시한다.
- 파급의 원리 : 시상은 시기가 중요하다.
- 유익의 원리 : 청년 시상은 발전적이어야 한다.

청년 정보가 흘러야 힘이 있습니다. 문서전도, 주보, 청년신문, 사진수첩과 교적부가 있어야 합니다.

● 청소년들이 교회를 떠나는 이유 10가지

1) 물질적 풍요로 인한 신앙생활에 대한 무관심.
2) 대중매체의 유혹.
3) 입시 위주의 시간활용.
4) 학업점수에 지배당하는 삶.
5) pc방, 비디오 방 등 유흥 시설의 유혹.
6) 희망, 위안보다 "하지말라"는 억압의 장소로 각인된 교회 이미지.

7) 청소년의 삶의 변화를 외면한 19세기식 선교방식.

8) 교사들의 세대차, 문화적 격차로 인한 이중고.

9) 열악한 교회교육 환경.

10) 학습자의 눈높이에 맞춘 다양한 교육 방법의 부재.

고등부와 청년부의 연계성

1) 고등부와 청년부가 연계성을 가져라

① 문화의 연계성 : 대중매체를 통한 문화의 공통분모
② 만남의 연계성 : 홈커밍데이를 통한 만남의 장
③ 복음의 연계성 : 성례식과 수련회를 통한 공통의 은혜체험

2) 고등부와 청년부의 연계성 두 가지 대안

① 입시문제에 정면 돌파를 시도하라 : 고3 수험생들을 위한 특별활동에 배려와 관심을 기울이고 진학 상담이나 학습세미나 등을 개최합니다.
② 미래에 대한 대안을 갖게 하라 : 입시나 취업실패에 대한 근본적인 대안을 모색합니다. 이때 청년선배의 생생한 체험담이 유익합니다.

3) 청년 사역자와 담임 목사와의 연계성

① 청년 사역자 자신의 한계를 인정합니다.
② 자신의 한계 내에서 할 수 있는 목표에 집중합니다.
③ 담임 목회자와의 새로운 관계 설정에 도전합니다.

청년목회
강단설교 1

01 예수 그리스도의 이름으로 | 02 함께 가는 그리스도인 | 03 형통하는 자의 복 | 04 위대함에 도전하는 자 | 05 어떤 친구를 만나는가 | 06 다시 일어서는 신앙 | 07 세상을 이기는 자 | 08 열두 바구니를 거두는 인생 | 09 넘치는 시대를 사는 우리 | 10 기적의 주인공 | 11 함께 하시는 하나님 | 12 음부의 권세가 이기지 못하리라

01
예수 그리스도의 이름으로

제 구 시 기도 시간에 베드로와 요한이 성전에 올라갈새
나면서 못 걷게 된 이를 사람들이 메고 오니 이는 성전에 들어가는 사람들에게
구걸하기 위하여 날마다 미문이라는 성전 문에 두는 자라
그가 베드로와 요한이 성전에 들어가려 함을 보고 구걸하거늘
베드로가 요한과 더불어 주목하여 이르되 우리를 보라 하니 …
모든 백성이 그 걷는 것과 하나님을 찬송함을 보고
그가 본래 성전 미문에 앉아 구걸하던 사람인 줄 알고
그에게 일어난 일로 인하여 심히 놀랍게 여기며 놀라니라
사도행전 3:1~10

제가 처음 신용카드를 가졌을 때 그 신용카드에 대해 "이 것 참 편리하다"라고 생각했었던 적이 있었습니다. 이유는 주머니에 돈이 없어도 그 신용카드 한 장만 가지고 있으면 먹을 것도, 입을 것도 그리고 가지고 싶은 것도 다 해결할 수 있었기 때문입니다.

그런데, 그 편리하다 생각했던 신용카드도 단점이 있었는데 그 단점은 카드로 물건을 구입한 월말에 청구해온 카드 결재금액에 대한 뒷감당을 하기가 너무 힘들다는 것입니다.

"내가 신용카드를 사용했는데 만약에 돈 많은 다른 누군가가 내 카드 결재액을 뒷감당만 해준다면 마음 졸이지 않고 정말 마음껏 쓸 수 있겠구나"라고 생각해 본 적이 있습니다.

제가 이번에 한국에 들어와서 예전 방송국 PD 시절, 함께 방송 생활을 했던 동기 PD들과 오랜만에 만나서 식사를 하게 되었습니다. 즐겁게 대화를 하며 식사를 끝마친 후 "다들 오랜만에 만나서 즐거웠다. 오늘 밥값은 내가 지불 하겠다"고 했더니 친구 녀석 하나가 그러지 말라고 하면서 자기 신용카드를 꺼내는 겁니다.

그러면서 자기네 회사는 어느 직급 이상의 PD가 되면 회사 명의로 된 신용카드를 준답니다. 그 카드를 주는 목적은 다른 사람들에게 밥 얻어먹지 말고 접대하라고 회사 명의로 된 신용카드를 주었다고 말하는 것이었습니다.

그때 저는 인간적으로 그 친구가 정말 너무 부러웠습니다. 그 친구는 쓸거 다 쓰고, 기분 낼거 다 내면서 결국 카드 값은 회사에서 뒷감당해주는 그런 카드를 가지고 있는 그 친구! 솔직히 부럽지 않습니까? 여러분도 다들 그런 카드를 가지고 싶으시지요?

그런데, 그런 신용카드도 사용할 수 없을 때가 있음을 생각해 보았습니다. 그 첫 번째가, 카드의 유효기간이 지났거나 두 번째, 사용 한도액이 넘어 버렸거나 세 번째, 회사가 망했을 때 그 카드는 사용할 수 없을 것입니다. 그리고 또 하나, 그 친구가 회사에서 레이아웃 소위 말하는 회사에서 잘렸을 때 역시 그 카드는 사용할 수 없을 것입니다.

이와 마찬가지로 오늘 이 시간 예수님께서는 여러분 모두에게 한도액에 제한이 없는 그런 신용카드를 주셨습니다. 아멘? 또 그 카드의 유효기간은, 이터널(영원히)이라고 적혀 있을 것입니다. 그리고 그 신용카드의 이름은 신한, 국민, 외환은행의 BC, Master, Visa 카드도 아닌 바로 "예수 그리스도의 이름"이라고 하는 신용카드입니다.

사랑하는 청년 여러분,
오늘 이 시간 우리 함께 "예수 그리스도의 이름"이라고 하는 그 신용카드의 사용방법을 함께 알아보기 원합니다.

특별히 우리는 이 세상을 살아갈 때 우리의 능력이나 우리의 가진 지식을 사용하며 살아가는 사람들이 아니라 바로 "예수 그리스도의 이름"을 사용하며 살아가는 사람들인 것입니다. 그렇기 때문에 우리가 이 땅에서 살아갈 때에는 반드시 "예수님의 이름"을 사용하며 의지하고 살아가야 할 것입니다.

그런 의미에서 먼저 오늘 본문 말씀에 나오는 베드로와 요한이 어떻게 예수님의 이름을 사용하며 살아가고 있고 또 어떻게 "예수 그리스도의 이름으로"라고 하는 신용카드를 무한대로 사용할 수 있는지 말씀을 통해 함께 나누어보고자 합니다.

먼저, 그 첫 번째가 기도였습니다.
본문에서 이들은 "예수님의 이름으로" 기도하고 있습니다. 우리 1절 다같이 함께 읽겠습니다. 베드로와 요한은, 제 구시에 성전으로 기도하러 올라갑니다.

먼저 이스라엘 사람들은 하루 세번 3시, 6시, 9시에 성전에 올라가 기도하는 시간을 가졌습니다. 그 당시의 시간을 현재의 우리 시간으로 환산해 보면 각각 오전 9시, 정오 12시, 오후 3시가 되므로 오늘 본문에서의 제 구시, 즉 현재 오후 3시에 베드로와 요한이 기도하러 올라간 사건을 말씀하고 있습니다.

사도행전 2장 46절에 이렇게 말씀하고 있습니다.

"날마다 마음을 같이하여 성전에 모이기를 힘쓰고 집에서 떡을 떼며 기쁨과 순전한 마음으로 음식을 먹고"

다시 말해 은혜 받은 백성들이 날마다 마음을 같이 하여 성전에서 모여 예배드리러 올라갔던 것입니다. 그런데 중요한 것은 베드로와 요한은 특별히 그렇게 기도하기를 좋아했던 사람들이 아니었습니다. 처음 예수님과 같이 변화산으로 기도하러 올라갔을 때 그리고 겟세마네 동산으로 기도하러 올라갔을 때 까지만 해도 이들은 남아서 졸고 있었습니다. 심지어 예수님께서 이들을 두 번씩이나 깨워주면서까지 기도하라고 했지만 이들은 결국 기도하지 못하고 졸고 있었습니다. 다시 말해 베드로와 요한은 성령강림 사건이 있기 전까지는 기도의 맛을 보지 못했던 것입니다.

그러나 이들은 예수님이 부활 승천하신 이후에 마가 다락방에 모여 함께 기도하던 중에 "성령강림 사건"을 체험하게 되고 예수님께서 말씀하신 그 약속들이 이들에게 임하게 되는 놀라운 경험을 하게 됩니다.

바로 사도행전 2장 2~4절까지의 말씀과 같이 "하늘 문이 열리고 각 사람마다 불의 혀 같이 갈라지는 것"이 임하였으며 또, 자신들이 알지 못하는 언어로 말하기 시작하면서 기적을 체험하게 되었고 이 일로 인해서 3천 명이라고 하는 수많은 사람들이 예수님 앞으로 나오는 사건을 경험하게 되는 것입니다.

이들은 자신들이 기도할 때 하늘 문이 열리고 기도가 응답되어지는 경험을 하게 된 것이고 그 경험을 통해 기도의 참된 맛을 보게 된 것이었습니다.

사랑하는 청년 여러분, 먼저 우리 모두가 그 기도의 참맛을 매일매일 맛보며 살아가시길 주님의 이름으로 축원합니다.
그리고 이들이 기도할 때 그냥 기도하는 것이 아니라, "예수님의 이름으로" 간절히 기도한 것 같이 오늘 우리도 이 시간 이 예배당에서 다른 이름이 아닌 "예수님의 이름으로" 영혼 구원을 위해 간절히 기도하는 귀한 시간이 되시기를 주님의 이름으로 축원합니다.

미국에서 청년들이 가장 많이 모이는 교회로 유명한 윌로우크릭 교회의 빌 하이벨즈 목사님께서 쓰신《너무 바빠서 기도합니다》라는 책이 한국에도 소개된 적이 있었는데 그 책의 주 내용은 제목 그대로 '너무 바빠서 기도한다'는 내용입니다.
"너무 바빠서 기도합니다. 너무 바빠서 기도합니다."
사랑하는 청년 여러분! 혹시 바쁘실 때 기도하십니까?
빌 하이벨즈 목사님은 그 책에서 기도가 응답 되지 않은 가장 큰 이유는 바로 "기도하지 않기 때문이라고" 말씀하고 계십니다. 그리고 반대로 "기도하면 반드시 응답 받는다"라고 역설하고 계십니다.

사랑하는 청년 여러분,
이 시간 교회를 위해 그리고 가족과 자신의 미래를 위해 기도하시려고 주님 앞에 나오신 줄 믿습니다. 오늘 이 시간 진실로 그리고 간절히 기도하시길 주님의 이름으로 축원합니다. 그러면 반드시 하늘 문이 열릴 것이고 은혜의 빛줄기와 주님의 놀라운 축복이 여러분에게 임할 것이며 또 나아가 우리 교회의 기도제목과 여러분의 가족과 자신들의 기도제목까지도 놀랍게 응답되고, 해결되어지는 시간이 되시기를 주님의 이름으로 축원합니다.

저는 제 주변의 청년들과 성도님들에게 이런 질문을 많이 받습니다.
"목사님, 저는 정말 열심히 기도해서 기도 응답 받았음을 믿고 교회를 나가는데 교회 밖으로만 나가면 다시 일이 꼬이고, 될 것 같았던 일들이 하나도 되는 게 없습니다." 그럴 때마다 저는 언제나 이렇게 대답합니다. "지금은 없지만 곧 생깁니다." 그렇습니다. 지금은 없지만 곧 생깁니다. 그리고 하나님이 반드시 베스트로, 최고의 것으로 채워주실 것입니다.
지금 당장에는 눈에 보이는 것도 없고, 일도 꼬이는 것 같고, 힘든 상황이겠지만 우리가 다 함께 "예수님의 이름으로" 합심하여 간절히 기도하면 반드시 우리 주님은 우리의 기도에 응답하여 주실 것입니다.

사랑하는 청년 여러분, 저는 때때마다 우리에게 가장 최고의 것으로 채워주시는 하나님을 믿습니다. 그리고 우리가 "예수님의 이름으로, 예수님의 이름으로" 기도하면 반드시 우리가 생각하는 것, 그 이상으로 채워주시는 그 주님을 믿습니다.

그런 의미에서 제가 교회를 개척하며 경험했던 것을 말씀드리려고 합니다. 개척교회를 하시는 목사님들은 다들 경험하셨겠지만, 저에게도 개척하면서 많은 어려움이 찾아온 적이 있었습니다. 그래서 그 어려움들을 위해 일이 해결될 때까지 교회에서 잠을 자며 말씀을 준비하고 교회의 재정과 성도님들의 관계의 문제에 대해서 불철주야 기도하며 지냈지만 상황은 그리 크게 변하지 않았습니다.

그래서 제 스스로가 너무 견디기 힘들어 하나님께 불평하며 이렇게 기도했습니다. "하나님! 아무리 개척교회를 하고 문화선교를 한다고는 하지만 어떻게 이렇게, 이렇게까지 사탄마귀의 방해가 심하고 또 어떻게 이렇게까지 제가 고난을 받아야 합니까? 만약 제가 죽기 직전까지 이런 고난을 받으며, 이러한 상황을 경험해야 한다면 차라리 모든 걸 포기하고 세상 사람들과 똑같이 살고 싶습니다."

그렇게 울고 불평하면서 기도를 끝낸 후에 차를 끌고 평소 길가에 있는 노래방을 지나가다가 우연히 예전에 함께 방송 일을 하면서 알게 된 어느 분을 만나게 되었습니다. 반가운 마음에 차에서 내려 그분과 인사를 나누고 이런 저런 얘기를 하던 중에 그분은 저에게 "술집에 가서 술 한 잔 하며 얘기하지?"하며 저를 이끄는 것이었습니다.

사실 그분은 저와 교회일로 만난 분이 아니었기 때문에, 또 제가 목사라는 것을 모르시는 분이셨기에 그리 말하였을 것입니다. 그래서 저는 그분에게 정중히 "선생님 사실 저는 목사입니다. 선생님과의 교제는 너무 즐겁겠지만 제가 목사로서 어떻게 술집에 가서 술을 먹고 여자들이랑 놀겠습니까?"라며 거절을 하였더니, "에이, 무슨 소리를 하십니까? 목사님도 사람이고 남자 아닙니까? LA에 계신 몇몇 목사님들도 저랑 가끔씩 술도 한 잔하며 교제를 나눕니다. 괜찮으니까 가서 술 한 잔 하시지요…"라며 거듭 저를 잡아끌었습니다.

그때 솔직히 저도 남자이기 때문에 그분의 제의에 솔깃하였습니다. 더구나 제가 그분을 만나기 바로 전에 교회에서 하나님께 "이렇게 힘들 바에는 차라리 세상 사람들과 똑같이 살겠습니다."라고 통보하듯 기도했고, '이번 한번만 하면 뭐가 문제가 되겠어?'라는 생각도 가지게 되었습니다. 해서 못이기는 척하고 그분에게 이끌리어 그분의 차에 타게 되었습니다.

하지만 제가 차에 타고서 정확히 4분 뒤에 올리는 스마트 폰 속의 이메일을 확인하고는 곧바로 차를 세운 후, 멀뚱한 그를 뒤로하고 걸어서 다시 제 차가 있는 곳으로 돌아가게 되었습니다.

이유는 제게 보내진 이메일 때문이었습니다. 제게 보내진 이메일에 정확하게 이렇게 쓰여져 있었습니다.

최윤원 님! 하나님의 강력한 계시가 있었습니다. (환상을 보았습니다. 신비한 일이죠.) 이번에는 모든 것을 덮고 넘어간다고 전하라네요. 처음의 꿈과 열정으로 다시 돌아가 매진하라네요. (무슨 말인지… 저는 도통 모르겠네요.) 신비한 일이지요?

그래서 저는 곧 바로 "혹시 저를 아시는 분인가요?"라고 답장을 보냈습니다. 그랬더니 도착한 답장에는 "최윤원 님, 저는 당신에 대해 아는 것이 전혀 없습니다. 신비한 일을 체험하는 것, 저도 처음 겪는 일이라 매우 당혹스럽습니다. 아무튼 몸 건강하시고, 안녕하시기를 바랍니다."

지금 여러분에게 그 분이 보내주신 이메일을 그대로 읽어드렸습니다.

여러분, 저는 미국에서 정식으로 학교를 졸업하고 목사안수를 받은 사람입니다. 그런 목사임에도 불구하고 이러한 세상 유혹에 넘어갈 상황이 만들어지는데 한창 피끓는 청춘인 여러분들에게는 저보다 더 많은 쾌락의 유혹과 죄악들이 몸과 마음에 침투해서 여러분들을 쓰러뜨리려 계획하고 있을 것입니다.

한국은 어떤지 모르지만, 지금 미국에서는 많은 불법들이 저질러지고 있습니다. 더욱이 같은 한인들끼리 사기를 치고, 청소년들이 마약과 섹스에 중독되어 병들어가고, 한국에서 오는 유학생의 70~80%가 많은 돈을 벌 수 있다는 유혹에 술집에 나가 술을 따르고 몸을 팔며 자신과 부모님을 속이며 살아가고 있는 것이 미국의 현재 모습입니다. 경악스러운 것은 동성애법을 합법화시켜서 이제는 정식으로 학교 수업에서 동성애를 가르친다고 합니다.

사랑하는 청년 여러분,
지금 우리는 기도할 때입니다. 기도할 때입니다. 죄악은 그 순간은 우리에게 '기쁨과 환희'를 가져다 줄 수 있습니다. 저의 경우에도 마찬가지로 제가 그날 만약 그 분과 술집에 가서 술에 취해서 여자들과 희희낙락 하였다면 저는 지금 이 자리에 이곳에 서서 설교를 할 수 없었을 것입니다.

그러나 정말 하나님의 은혜로 저와는 전혀 일면식도 없는 사람에게 하나님의 계시를 보여주셨고 그 사람이 메일로 제게 알려 주게 하셔서 불평불만만 했던 저를 보호해 주셨고 막아 주시면서 의에 길로 인도해 주셨습니다. 저는 그 일이 있은 후 곧 바로 교회로 달려가서 저의 죄를 철저히 회개하고 오직 주님께만 매달리며 울부짖으며 기도하였습니다.

그리고 그로부터 정확히 이틀 후인 주일에 성도님 한 분이 일만 달러, 한국 돈으로 천삼백만 원 정도를 헌금하시면서 본인이 기도하다가 마음에 감동을 받아 교회에 헌금하길 원한다고 찾아오셔서 목사님 필요한 곳에 사용해 달라고 하시며 돌아가셨습니다.

사랑하는 성도 여러분,
우리 주님은 반드시 우리를 쉴만한 물가로 인도해 주시는 분이시며, 의의 길로 인도해 주시는 "예수 그리스도 우리 아버지이심을" 믿으시기 바랍니다.

시편 23편에 보면

"여호와는 나의 목자시니 내게 부족함이 없으리로다. 그가 나를 푸른 초장에 누이시며 쉴만한 물 가로 인도하시는도다 내 영혼을 소생시키시고 자기 이름을 위하여 의의 길로 인도하시는도다 내가 사망의 음침한 골짜기로 다닐지라도 해를 두려워하지 않을 것은 주께서 나와 함께 하심이라 주의 지팡이와 막대기가 나를 안위하시나이다"

여러분, 아멘입니까? 이 말씀이 여러분의 신앙고백이 되시기를 바랍니다. 세상에는 정말 많은 교회가 있습니다. 그리고 많은 선교단체가 있습니다. 특별히 우리 교회도 세상의 많은 교회 중 하나의 교회일 텐데 중요한 것은 이 험하고 각박한 세상 속에서 '사망의 음침한 골짜기'로 다니는 우리의 부모님, 가족들, 친구들 그리고 이웃들이 있다는 것입니다. 여러분, 이들을 우리가 쉴만한 물가로 인도해야 하지 않겠습니까? 그것이 우리 교회들의 사명일 것이고, 이것이 진정한 긍휼의 마음일 것이며 사랑일 것입니다.

며칠 전, 연예인 한 명과 그리고 모기업의 둘째 딸이 또 자살을 했다는 뉴스를 접한 적이 있습니다. 요즘 많은 사람들이 각자의 아픔과 고통들로 인해 힘들어 하며 자살하고 있습니다.

그리고 특별히 문화를 공부하고 연예계에 종사하는 사람들과 세간의 주목을 받는 특별한 사람들은 일반인들브다 자살률도 높고 자존감도 강하며 마음의 상처 또한 일반인들보다 훨씬 많다는 통계가 있습니다. 여러분, 이들을 쉴만한 물가로 인도해야 하지 않겠습니까?

그리고 우리가 살고 있는 이 지역에도 남에게 자신의 아픔을 말하지 못하고 혼자 끙끙 앓며 아픔을 가지고 힘들어 하는 어떤 분이 계신다면 그 분들을 쉴만한 물가인 이 예배당으로 인도야 하지 않겠습니까?

사랑하는 청년 여러분,

우리가 할 수 있는 일은 이들을 위해 진심으로 눈물 흘리며 이들을 위해 기도해주시면 되는 것입니다. 그리고 그 이후에 모든 일들은 반드시 우리 주님이 행하여 주실 것입니다. 이 말씀을 믿으시면서 오늘 이 시간 기도의 신용카드인 "예수 그리스도의 이름으로" 카드를 마음껏 사용하시기를 주님의 이름으로 축원합니다.

두 번째로, 명령입니다.

우리 다 함께 6절 말씀 같이 읽겠습니다. 이들은 예수님의 이름으로 선포하는 삶을 살았습니다. 베드로와 요한이 제 구시, 즉 현재 시간으로 오후 3시에 성전으로 기도하러 올라갈 때 나면서부터 앉은뱅이가 된 거지를 발견하게 됩니다. 먼저 그 거지는 날마다 사람들이 성전 미문에다 데려다 놓았기 때문에 베드로와 요한은 매일 같은 곳에 그 거지를 보았습니다. 그런데 그 날, 그 시간, 그 장소에서

만큼은 이들이 그냥 지나치지 않고 앉은뱅이 거지를 주목하고 무언가 도와주려고 말을 건넵니다.

사람들은 누구나, 특히 미국 사람들은 다른 사람이 자기에게 찾아와 무언가를 부탁하면 대부분 부담스러워 합니다. 한 때는 저도 내 몸이 피곤하고 빨리 집에 가서 잠을 자고 싶은데, 누군가가 나를 주목하고 자신을 도와달라고 하면, 그리고 더군다나 거지가 저를 주목하면서 도와달라고 말하면 괜히 다른 일 하는 척, 모른 척하면서 그 자리를 피했던 적이 있었습니다.

물론 그때의 저는 힘도 없고 돈도 없었지만 마찬가지로 오늘 본문에 나오는 베드로와 요한도 분명 아무것도 가진 것이 없었고 특히 은과 금은 절대로 없었을 것입니다. 그러나 베드로와 요한은 그 앉은뱅이를 주목하게 되고 그 앉은뱅이에게 다가와 이렇게 명령하며 선포합니다. "우리에게는 당신이 보는 것같이 은과 금은 없습니다. 그러나 당신이 느끼지도 못하고 깨닫지도 못한, 세상 사람들에게 가장 소중하고 필요한 우리 주 예수님의 이름이 나에게는 있습니다. 그러니 나사렛 예수 그리스도의 이름으로 일어나 걸으십시오." 라고 선포합니다.

그리고 그 말을 들은 앉은뱅이 거지는 은과 금에 의지하지 않고 "나사렛 예수 그리스도의 이름"에 의지하여 일어나게 되고, 발과 발목에 힘을 얻어 뛰기도 하고, 또 서서 성전을 걷기도 하며 기적적으로 일어나게 됩니다. 할렐루야!

오늘 본문에 나오는 '나면서 앉은뱅이 된 거지'는 일평생 단 한번도 "걸어봐야겠다"고 스스로 생각하지 않았을 것입니다. 아니 생각조차도 못했을 것입니다. 그러나 "걸어야 하겠다"라는 생각을 가지게 되자 그 즉시 앉은뱅이는 '예수 그리스도의 이름'으로 일어나 걷게 되었습니다. 그 앉은뱅이는 베드로의 선포된 말씀을 믿음으로서 하나님의 능력과 기적을 체험하게 된 것입니다.

사랑하는 청년 여러분,
우리의 인생도 이와 마찬가지입니다. 분명 지금 당장 우리 눈에 보이는 것은 아무것도 없습니다. 부자 부모님도, 멋진 스포츠 자동차도, 그리고 훌륭한 직장도 없습니다. 그러나 우리에게는 분명 '나사렛 예수 그리스도'의 이름이 있습니다. 그리고 그 이름만 있으면 외제 스포츠카도, 내노라 하는 직장, 또 대 여섯 개의 정기예금통장도 부럽지 않을 것입니다. 무엇보다 우리가 믿는 '예수 그리스도의 이름으로' 우리 주변에 가난하고, 병들고, 마음이 힘들고, 지친, 어려운 분들에게 희망과 사랑의 십자가를 전달할 수 있을 것이며 그 모든 분들에게 성령님의 축복을 마음껏 선물할 수 있을 것입니다.

오늘 본문에 나오는 베드로는 엄청난 능력이 있어서 그 앉은뱅이를 일어나게 한 것이 아니라 오직 '예수 그리스도의 능력으로' 그 앉은뱅이를 일어나게 한 것이며 나아가 지금 우리가 사는 이 시대에서도 그러한 주님의 능력이 동일하게 일어나고 있음을 믿으시길 바랍니다. 그리고 언제나 만나는 모든 사람들에게 예수님의 이름으로 축복해주시고 선포하시며 살아가시는 우리 교회 청년들이기를 주님의 이름으로 축원합니다.

오늘 본문 말씀을 통해 우리는 '예수 그리스도의 이름으로' 기도하고, 명령하며, 믿음으로 세상을 향해 선포하는 삶에 대해서 나누었습니다. 특별히 사랑하는 우리 교회 청년부 여러분, 모두에게 오늘 이 시간 주님이 《예수 그리스도의 이름》이라는 신용카드를 선물로 주셨습니다.

여러분, 주님께서 주신 이 카드를 정말 잘 사용하셔서 모두 천국의 부자가 되시기 바랍니다. 그래서 언제, 어디서나, 누구를 만나든지, 그 신용카드로 마음껏 대접하시고 믿음으로 사용하며 살아가시길 주님의 이름으로 축원합니다.

02
함께 가는 그리스도인

사람마다 두려워하는데 사도들로 말미암아 기사와 표적이 많이 나타나니
믿는 사람이 다 함께 있어 모든 물건을 서로 통용하고
또 재산과 소유를 팔아 각 사람의 필요를 따라 나눠 주며
날마다 마음을 같이하여 성전에 모이기를 힘쓰고
집에서 떡을 떼며 기쁨과 순전한 마음으로 음식을 먹고
하나님을 찬미하며 또 온 백성에게 칭송을 받으니
주께서 구원 받는 사람을 날마다 더하게 하시니라
사도행전 2:43~47

식당에 가면 에피타이저가 있고 메인 디쉬가 있고 디저트가 있습니다. 이 중에 제일 중요한 것은 메인 디쉬입니다. 그런데 우리는 간혹 에피타이저에 속아서 메인 디쉬를 놓칠 때가 있습니다.

3년 전 제가 한국에서 강릉이라는 곳에 간적이 있습니다. 강릉은 관광의 도시이고 여름 피서철이 되면 너도 나도 할 것 없이 몰려드는 곳이 강릉입니다. 또 유명한 것이 횟집이 유명합니다. 강릉 횟집에 가보면 에피타이저가 얼마나 많이 나오는지 모릅니다.

한 상에 한 50가지 에피타이저가 나오는 것을 볼 수 있고, 콩, 옥수수, 계란, 두부, 멍게도 있고 평소에 보지 못했던 것들이 너무 많이 있었습니다.

그래서 그것을 실컷 먹다 보면 나중에는 메인 디쉬가 들어오게 되

는데 광어라는 녀석이 눈을 껌뻑껌뻑 거리면서 자기를 먹어 달라 들어오는데 그걸 못 먹겠더라고요. 너무 억울해하고 있는데 좀 지나 두 번째 메인 디쉬인 매운탕이 들어왔습니다. 역시나 빨간 국물로 저를 유혹하지만 그것도 먹지 못했던 적이 있었습니다.

그때 당시 정말로 너무 너무 안타까웠습니다. 사랑하는 성도 여러분, 여러분은 식당에 가서 에피타이저에 속아 메인 디쉬를 먹지 못하는 그런 경험을 하시지 말기를 바랍니다. 이와 마찬가지로, 하나님께서도 우리에게 영적인 식탁을 우리에게 마련해 주셨는데 그 식탁은 우리가 꼭 먹어야 하는 축복된 식탁입니다.

그리고 그 식탁에도 분명 에피타이저가 있습니다. 건강이 회복되는 것, 직장의 문제가 해결되는 것, 우리가 원하는 소원들이 이루어지는 것, 그것은 모두 에피타이저일 뿐인데 여러분 그 에피타이저에 속아 메인 디쉬인 구원을 놓치지 마시길 바랍니다. 그런 의미에서 오늘은 사도행전 2장에서 소개되고 있는 구원의 역사를 함께 나누고자 하는데 "여러분 구원받으셨습니까?" 그리고 여러분은 여러분의 가까운 주변 사람들을 구원하고 계십니까?

사랑하는 형제자매 여러분,

우리가 예수 그리스도를 믿고 우리가 구원 받아 하나님의 자녀가 되는 것, 다시 말해 예수님께서 이 땅에 오셔서 우리를 위해 죽으시고 부활하심으로 우리를 구원해주신 것을 믿는 것이 가장 으뜸되는 첫 번째 메인 디쉬인 것을 믿으시기 바랍니다.

많은 성도님들이 이렇게 말합니다. 나만 구원 받으면 됐지, 그리고 성령 충만함은 목사님이나 믿음 좋으신 장로님 권사님 그리고 좀 뜨거운 성도님들이나 받는 것이라고 말입니다. 그리고 또 다른 성도님들은 "나는 예수님 믿고 상급이 적어도 그냥 이렇게 살다가 갈래요" 하는 사람들도 있습니다. 그런데 중요한 것은 성령 충만함은 받고 받지 않고는 선택사항이 아닙니다. 다시 말해 그것은 먹지 않아도 되는 에피타이저나 디저트가 아니라는 것입니다.

그런 의미에서 먼저 성령에 대한 말씀을 나누고자 하는데 여러분 성령 충만함이 무엇이라고 생각하십니까? 그것은 어떠한 신비한 체험을 의미하는 것만이 아니라 '하나님의 통치가 우리 가운데 가득한 것' 그리고 '하나님의 다스림이 우리 가운데 가득한 것'을 말합니다.

다시 말해 나의 시간, 물질, 마음, 자존심, 그 외에 소유한 모든 것이 하나님의 것임을 알고 주님께 그것을 다 드려 주님께서 그것을 다스리는 것이 성령의 충만함이며 이를 통해 우리의 삶과 가정과 우리 교회에 하나님의 능력이 나타나, 그로 인해 하나님의 나라가 이루어지는 것이 바로 성령 충만함입니다.

그런 의미에서 본문 말씀은 예루살렘 교회의 열려져 있는 교회의 모습을 보여주고 또 어떤 교회가 정말 교회다운 교회인지에 대해 말씀해 주고 계시는데 그 교회다운 교회의 첫 번째 요소는 서로 사랑을 나누는 교회라고 합니다.

당시 초대교회는 44~45절 말씀과 같이 믿는 사람이 다 함께 있어 모든 물건을 서로 통용하고 재산과 소유를 팔아 각 사람의 필요를 따라 나눠 주며 살았는데 한 학자는 이에 대해 지금까지의 2000년 기독교 역사 중에 이 당시 초대교회만큼 사랑을 나누어 주는 교회가 많지 않았다고 말하며 그 예로 우리가 잘 아는 한국의 김진홍 목사님이 섬기시는 두레마을을 이야기 하며 두레마을도 같이 농사를 짓고 돼지를 키워 공동으로 생산, 분배를 하고는 있지만 초대교회에는 미치지 못한다고 말했던 기사를 읽은 적이 있었습니다.

또 공산주의의 이념 또한 계급을 타파하고 다 같이 잘사는 곳을 이룩하자 노력했지만 결국 무너지고 말았습니다. 결국 이 말은 '기독교적인 사랑'이 없이는 강제적, 감시적 체제의 공동생활은 실패할 수 밖에 없다는 말로 해석해 볼 수 있는 것입니다.

그런 의미에서 본문에 나오는 초대교회는 진정한 사랑과 섬김의 본을 이룬 아름다운 공동체였습니다. 그 결과 초기 120명으로 시작한 성도가 3천 5백 명으로 증가하여 폭발적으로 성장했습니다. 당시 기독교는 환경적으로 이단 취급을 받았습니다. 그 증거로 스데반과 사도 바울이 이단으로 정죄를 받았고, 또 많은 성도들이 핍박을 받아 생활이 궁핍해졌습니다.
그런 이유에서라도 이들에게는 구제가 절실히 필요했고 이에 일곱 집사가 세워져 교회는 "네 이웃을 사랑하라"는 주님의 말씀을 실천하여 사랑을 나누었던 것입니다.

여러분, 사도행전 4장 32절에 "믿는 무리가 한마음과 한뜻이 되어 모든 물건을 서로 통용하고 제 재물을 조금이라도 제 것이라 하는 이가 하나도 없더라"라는 말씀이 있는데 이러한 일이 상식적으로 가능하다 생각하십니까? 저는 본문에 나오는 초대교회와 현재 우리들의 교회가 무엇이 다른지 진지하게 고민하며 묵상해본 적이 있었는데 결국 그 질문의 답은 욕심이라고 하는 부분이었습니다.

왜냐하면 당시 초대교회 성도들은 오순절 다락방에서 성령을 체험하고, 욕심과 모든 욕망을 초월했기 때문입니다. 이런 의미에서 특별히 요즘을 사는 우리들의 삶을 바라보면 욕심이라고 하는 그것 때문에 많은 삶이 깨지고 관계에 금이 가며 교회가 시끄러워짐을 느끼고 경험하게 됩니다.

사랑하는 성도 여러분! 먼저 우리 안에 있는 욕심을 깨뜨리시고 진정으로 교회다운 교회로서 사랑이 넘쳐나는 우리 교회가 되길 주님의 이름으로 축원합니다.

두 번째로, 모이기를 힘쓰는 교회입니다. 46절 말씀에 "날마다 마음을 같이 하여 성전에 모이기를 힘쓰고 집에서 떡을 떼며 기쁨과 순전한 마음으로 음식을 먹고"라고 말씀하십니다.

여러분 예배는 잘 모여야 합니다. 특별히 함께 사랑하고 기도하고 구제하기 위해서는 자주 모여야 합니다. 주일은 물론이고요, 평일에도 날마다 모여 서로를 섬기고 말씀으로 훈련 받고 봉사하는 활기찬 교회가 되어야 합니다.

당시 초대교회는 '날마다' 열심히 모였습니다. 어떤 어르신 한 분이 저에게 "목사님, 제가 인생을 살아보니 인생이라고 하는 것이 그리 길지 않습니다"고 말씀해주신 적이 있었습니다.

우리 사람들이 평균 수명이 인생을 70년이라 할 때, 여러분 우리가 예배에 드리는 시간은 얼마나 되는지 아십니까? 한 통계 자료를 보았더니 사람이 70 평생을 사는 동안 잠자는 데 23년, 식사에 3년, 공부(대학)하는데 7년, 세수하고 옷 치장 하는데 4년, 잡담하고 노는데 3년, 차속에서 3년, 이것저것 공상하는데 5년의 시간이 걸린다고 합니다.

그러나 예배시간은 다 합해도 겨우 6개월 밖에 되지 않았다고 합니다. 그러면서 어찌 예배시간이 길고 많다고 하겠습니까? 우리는요 "서로 돌보아 주고 사랑과 선행으로 서로를 격려해야 하며, 함께 모이기를 힘쓰는" 우리 모두가 되어야 할 줄 믿습니다.

예배의 제일 중요한 것은 '하나님과의 약속'이라고 하는 것입니다. 이 시간 마음 속 으로 "주님! 제가 주의 일을 위해 열심히 모이기를 힘쓰는 제가 되겠습니다." 그리고 "교회에서의 모임에 충실한 일꾼이 되겠습니다"라고 고백하며 다짐해 보시길 바랍니다.

마지막 세 번째는 이웃으로부터 칭찬받는 교회입니다. 47절에 "하나님을 찬미하며 또 온 백성에게 칭송을 받으니 주께서 구원 받는 사람을 날마다 더하게 하시니라"라고 말씀하십니다. 초대교회는 모든 사람들에게 칭송받았던 교회입니다. 심지어 불신자도 칭찬을 했다고 합니다.

결국 초대교회가 폭발적으로 부흥한 원인은 지역사회의 칭찬을 받았기 때문입니다. 대한민국의 교회역사 초창기에는 '예수천당'만 외쳐도 주님을 영접하는 자가 많았다고 합니다. 그리고 지금도 오지 지역의 선교지에 가면 "병 고치는 기사와 신유 체험이 일어나 하나님을 영접하는 자가 많다"라고 합니다.

그러나 현대교회는 전도하기가 너무나 어렵습니다. 만약 전도지를 들고 아파트나 가정을 방문해 나눠주어도 1시간 후면 그 전도지는 쓰레기로 변하고 맙니다. 전도지와 인간의 말로서의 전도는 이제 한계에 도달했다는 것입니다. 몇몇 청년들에게도 말씀 드린 적이 있는데 제가 정말 인간적으로는 애들 말로 사람들을 잘 꼬십니다.
그래서 그런 이유로 교회에 오는 사람도 적지 않았습니다. 그런데 그렇게 인간적인 방법으로 전도했던 분들을 1~2주가 지나면 교회에 나오지 않았던 경험들과 100이면 70은 지속적이지 못했던 경험이 있습니다.

그러나 제 경험과 말장난과 같은 인간적인 방법이 아닌 주님을 신뢰하고 진심으로 그를 위해 눈물 흘리며 기도하고 복음을 전할 때에는 100이면 100, 꾸준히 교회에 참석하며 결국 하나님을 만나는 경험들이 제게는 있습니다.

다시 말해 현대교회의 최대 전도방법은 지역사회에 그리고 주변 사람들에게 칭찬받고 모범을 보여주어야 한다는 것입니다. 우리의 전도 대상자들은요, 처음 예수님을 믿을 때 우리가 무엇을 믿는가에는 별로 관심이 없고 우리가 '어떻게 사는가' 그리고 그것이 진짜

인가에 더 관심이 있습니다.

그래서 지역사회를 변화시키는 힘 있는 교회가 되지 못하고 그들에게 모범적인 모습을 보여주는 교회가 되지 못한다면 전도의 문은 막히게 되는 것입니다.

사랑하는 형제자매 여러분, 진정으로 세상의 빛과 소금의 역할을 감당하시기 바랍니다. 그리고 우리 교회가 지역사회를 넘어 대한민국에서 더욱 칭찬받는 교회가 되길 바랍니다.

요즘 저는 교회적으로 이 지역사회의 복음을 위해 이 모양 저 모양으로 많은 사람들을 만나며 몇 가지 일을 기획하여 기도 중에 준비하고 있습니다. 다른 교회나 또 다른 누군가가 우리 교회의 프로젝트를 보고 "그 작은 교회에서 그런 사역을 감당할 수 있는가?"라고 의구심을 가지며 이야기 할 때가 많습니다.

그렇지만 우리 청년부와 우리 교회가 진심으로 이 지역사회의 많은 어르신들과 청년, 청소년들을 섬기고 믿음을 통해서 그들을 천국으로 인도하기 위해 그 일들을 준비하며 섬기고자 한다면 반드시 주님이 행하여 주실 것이라 확신합니다.

지금 우리 교회 형편으로는 감당하기 힘든 사역들일 수 있지만 주님이 힘과 능력 주시면 반드시 승리하리라 확신합니다. 그리고 이를 위해 기도해 주시고 한마음으로 힘을 모아주신다면 반드시 주님이 우리 교회를 사용하실 것입니다. 중요한 것은 지역사회의 어르신들과 청년 그리고 청소년들을 진심으로 섬기고자 하는 마음일 것이며 우리가 믿음으로 행할 때 이후의 일은 반드시 주님이 감당해 주실 것입니다.

사랑하는 성도 여러분!

우리 교회가 주님께 칭찬받는 교회가 되길 원합니다. 그리고 우리 교회가 주님께 칭찬받는 교회가 된다면 반드시 날마다 사람들을 보내주실 것입니다. 천하보다 귀한 한 생명을 어느 교회로 보내시겠습니까? 바로 교회다운 교회로 인도하실 것입니다. 그런 교회가 우리 교회가 되길 바랍니다.

그런 의미에서 우리 모두 다짐하길 원합니다. 첫째, 사랑으로 서로를 열심히 섬기고, 둘째, 교회의 예배와 모임에 모이기 힘쓰며, 마지막 세 번째, 지역사회로부터 칭찬받는 교회가 되길 원한다고 주님께 올려드리시길 바랍니다. 그것이 우리 교회와 지역을 살리는 길이며 우리 가정과 이곳 지역사회를 살리는 길임을 기억하시어 날마다 눈물 흘리며 도와 달라 기도하시고 선포하는 기도를 드리기 원합니다.

그리고 지금 이 시간부터 만나는 모든 사람에게 내 개인적인 말씀씨로서가 아닌 우리 주님이 주신 성령의 능력으로 만나는 모든 사람들에게 당당히 "우리 교회 오셔서 함께 예배드립시다. 하나님이 당신을 너무나 보고 싶어 하십니다"고 선포하시는 여러분 모두가 되시기를 주님의 이름으로 축원합니다.

03
형통하는 자의 복

요셉이 이끌려 애굽에 내려가매 바로의 신하 친위대장 애굽 사람 보디발이
그를 그리로 데려간 이스마엘 사람의 손에서 요셉을 사니라
여호와께서 요셉과 함께 하시므로 그가 형통한 자가 되어
그의 주인 애굽 사람의 집에 있으니 그의 주인이 여호와께서 그와 함께 하심을 보며
또 여호와께서 그의 범사에 형통하게 하심을 보았더라
요셉이 그의 주인에게 은혜를 입어 섬기매 그가 요셉을 가정 총무로 삼고
자기의 소유를 다 그의 손에 위탁하니
그가 요셉에게 자기의 집과 그의 모든 소유물을 주관하게 한 때부터
여호와께서 요셉을 위하여 그 애굽 사람의 집에 복을 내리시므로
여호와의 복이 그의 집과 밭에 있는 모든 소유에 미친지라
주인이 그의 소유를 다 요셉의 손에 위탁하고 자기가 먹는 음식 외에는
간섭하지 아니하였더라 요셉은 용모가 빼어나고 아름다웠더라
창세기 39장 1~6

어떤 사람이 약속시간에 늦어 과속을 했는데 그만 연속 카메라에 찍히게 되었습니다. 카메라에 찍히기 전에 분명히 속도를 늦추었는데도 카메라에 찍혀 다시 한번 그 장소로 가서 천천히 차를 몰고 지나가 보았다고 합니다.

그런데도 또 카메라에 찍혔답니다. 그래서 또 다시 한번 그 자리로 돌아가 아주 천천히 지나갔는데도 역시 카메라가 찍었답니다. 무척이나 황당하고 열이 뻗쳤겠지요.

그리고 며칠이 흘러 집으로 과태료 고지서 3장이 날아왔는데 그 고지서에는 바로 '안전벨트 미착용'이라는 글자가 쓰여져 있었다고 합니다.

여러분, 사람들은 저마다 자신의 기준이 있습니다. 그러면서 남이 과속하는 것을 보면 정죄하고 비판하기도 합니다. 그러나 하나님께서 보시는 관점은 속도가 아니라 안전벨트 미착용의 여부를 보고 계신 것입니다. 이와 같이 우리가 신앙생활을 하면서 우리가 잘못된 관점으로 살아갈 때가 많은데, 오늘 그 관점의 두 번째로 형통의 관점을 함께 나누어 보기 원합니다.

여러분, 먼저 요셉은 꿈으로 널리 알려진 인물입니다. 미국에는 수많은 요셉이 있습니다. 아마도 우리나라의 철수 영희와도 같은 이름 일 것입니다. 그런데 오늘 말씀을 잘 살펴보면 요셉은 꿈보다 '형통'이라고 하는 단어에 더 가까운 삶을 살게 됩니다. 누구나 중·고·대학생 정도가 되면 요셉과 같이 이 정도의 꿈은 꾸게 됩니다.
그런데 중요한 것은 요셉에게 꿈이 아닌 '형통'이 있었기에 요셉이 예수님의 예표가 되어 이름도 따라서 지어지지 않았는가 생각해 볼 수 있습니다. 요셉이 누리는 형통함을 여러분 모두가 누리시길 주님의 이름으로 축원합니다. 먼저 오늘 본문 2, 3절을 함께 읽겠습니다.

형통의 관점에는 두 가지가 있는데 그 첫 번째가 나의 관점이고 두 번째 하나님의 관점으로서의 형통일 것입니다. 그런데 오늘 말씀을 우리가 인간적인 형통함으로 요셉을 보았을 떠 요셉은 결코 인간적인 풍족함의 형통함을 누리지 못했습니다. 그러나 하나님의 관점으로 바라보았을 때 요셉은 역경 속에서 그리고 좌절 속에서 하나님과 동행하는 참된 형통함을 가지고 있었다는 것입니다.

특별히 오늘 말씀 속에서 보디발의 아내가 요셉을 유혹하는 장면을 보게 되는데, 이 유혹이라고 하는 부분에 대해 만약 제가 그 상황이었다면 저는 100% 넘어갔을 것입니다. 요셉의 상황에서 그에게 처자식이 있는 것도 아니고 그리고 돈 많은 주인이 잠만 자 주면 인생을 열어 주겠다고 하는데 어떤 사람이 그 상황에서 그 유혹에 넘어가지 않겠습니까? 저도 8년간 유학 생활을 하며 수많은 유혹이 있었습니다. 그럴 때마다 때로는 넘어지기도 하고 또 어떤 때는 자존심 때문에 넘어가지 않고 타국에서의 유학생활을 경험한 적이 있는데 마찬가지로 오늘 요셉은 그 유혹에 넘어가지 않고 예수님을 예표 하는 인물답게 이런 말씀을 남기게 됩니다.

"내가 어찌 이 큰 악을 행할 수 있으리이까?"(창 39:3)

여러분이 원하는 형통은 어떤 것입니까? 내가 이번에 시험에 일등했으니까 그리고 회사에서 이번 프로젝트를 따내는데 내가 1등이었으니까 그에 대한 보답으로 무언가 대가를 바라는 그런 것입니까? 그래서 큰 집을 사고 큰 차를 사는 것이 형통입니까?

여러분 진정한 형통은 하나님과 함께 하심을 경험하는 삶이고, 환경을 추월하는 삶을 사는 것이며, 그 형통의 결과로 다른 사람들을 유익하게 만드는 것이 참된 형통함일 것입니다. 그렇다면 먼저 하나님과 함께 하심을 경험하는 삶은 어떤 삶입니까? 여러분 하나님이 함께 하던 하지 않던 돈만 많이 벌면 형통입니까? 그리고 나의 목적만 성취하면 그것이 형통입니까?

요즘 많은 사람들이 불안해합니다. 특별히 넓은 아파트에 사는 사람이라고 해서 행복한 삶이 아닐 것입니다. 그리고 작은 집에 산다고 해서 결코 불행한 것이 아니라는 것입니다. 성경에서 말씀하고 있는 참된 형통은, 하나님과 함께 하심을 경험하는 삶입니다.

사랑하는 형제자매 여러분, 지금 이 시간 하나님과 함께 동행 하는 삶을 살게 해달라고 외치시길 바랍니다. 그리고 어떤 역경이 있어도 요셉과 같이 돈이 없고 일에 지쳐 쓰러지고 낙망할지라도 가장 먼저 주님께 모든 것을 맡기시는 믿음을 보여주시기 바랍니다.

두 번째, 환경을 초월하는 삶입니다. 여러분! 초월과 탁월의 차이를 아십니까? 빌립보서 4장 13절에 "내게 능력주시는 자 안에서 내가 모든 것을 할 수 있느니라"는 말씀이 있습니다. 많은 사람들이 오해하고 있는데 이 말씀은 배고픔과 풍부 그리고 궁핍의 모든 일체를 경험했고 그 경험한 일체의 비밀을 가지고 내가 모든 것을 할 수 있다는 말입니다.

그런데 많은 사람들이 앞은 잘라 버리고 뒤에 구절만 사용합니다. "내게 능력주시는 자 안에서 내가 탁월해질 것이다"가 아닌 "내게 능력주시는 자 안에서 내가 초월할 것이다"라는 말로 해석해야 합니다.

어떤 대학생 커플이 식당에 들어갔는데 벽에 한자로 '새옹지마'라는 단어가 적혀 있었다고 합니다. 여자 친구가 저게 뭐라고 쓰여져 있는 거냐고 물어보았더니 남자 친구가 뒤에 두 글자 '지마'를 보고 그건 '남기지마'라는 말이라고 알려주었다는 웃지못할 얘기가 있습니다.

또, 저의 고등학교 동창 중에 전교 1등만 하던 친구가 있었습니다. 그 친구가 고 2때까지 한번도 1등을 놓치지 않다가 한번은 전교 15등으로 떨어진 적이 있었습니다. 그리고 10일 후에 아파트 옥상에서 떨어져 자살한 사건이 있었습니다.

그 친구는 자신이 탁월해야 된다고 생각했을 것입니다. 그러나 저는 목사가 되어 이 말씀을 다시 묵상해 보면서 우리의 삶은 탁월이 아닌 초월이라는 단어에 주목해야 한다고 생각했습니다. 여러분 모두는 탁월해지지 말고 초월해 지길 바랍니다.

세 번째 형통함을 통해 남을 유익하게 만드는 사람이 되어야 합니다. 본문 말씀 39장 5절을 보면 여호와께서 누구를 위하여 누구 집에 복을 내리십니까? 요셉을 위해서 애굽 사람 집에 복을 내리십니다. 그리고 그 복이 누구에게 영향을 미칩니까? 애굽 사람의 집과 밭에 있는 모든 소유에 영향을 미칩니다.

여러분, 저는 청년 집회를 할 때 긍휼에 대해 자주 말씀을 나눕니다. 그리고 마지막에는 이런 말로 마무리를 합니다. "은혜 받아서 남 주고 그리고 공부해서 남 주고 돈 벌어서 남 주자."

사랑하는 청년 여러분!
여러분도 오늘 이 시간부터 은혜의 개념을 바꾸시길 바랍니다. 많은 사람들이 은혜를 받은 지 3일후에는 전부 잊어버립니다. 미국에서 담배를 피우는 고 3학생들이 은혜를 받고 저를 찾아와 "은혜를 받았으니 이제부터 담배 끊겠습니다"라고 선포합니다. 그리고는 3일 후에 저에게 담배피우는 모습을 걸립니다.

사랑하는 청년 여러분, 형통의 삶을 살기 원합니까?
그렇다면 바로 이 시간 다짐하길 바랍니다. 요셉은 인간적인 형통함을 마지막에 가서야 누리게 됩니다. 그러나 마지막이 되기 전까지는 인간적인 형통함이 아닌 하나님의 형통함을 누리는 자였습니다. 한국말에 그리고 미국 속담에도 '유종의 미'라는 말이 있습니다. 여러분, 마지막이 제일로 중요합니다.

지금 우리는 힘들고 고난을 받을 수 있습니다. 그러나 그때마다 그 상황을 초월할 수 있는 믿음을 가지고 무엇보다 하나님과 동행하는 삶, 즉 모든 것 다 고백하며 모든 것 100%를 하나님께 맡기시는 여러분이 될 때 여러분은 주변 사람들의 말과 모든 소유에 복을 줄 수 있는 하나님의 사람이 될 것입니다. 이 말씀 믿으시고 승리하시는 여러분 모두가 되시기를 주님의 이름으로 축원합니다.

04
위대함에 도전하는 자

내 계명은 곧 내가 너희를 사랑한 것 같이 너희도 서로 사랑하라 하는 이것이니라
사람이 친구를 위하여 자기 목숨을 버리면 이보다 더 큰 사랑이 없나니
너희는 내가 명하는 대로 행하면 곧 나의 친구라
이제부터는 너희를 종이라 하지 아니하리니 종은 주인이 하는 것을 알지 못함이라
너희를 친구라 하였노니 내가 내 아버지께 들은 것을 다 너희에게 알게 하였음이라
너희가 나를 택한 것이 아니요 내가 너희를 택하여 세웠나니 이는 너희로 가서 열매를 맺게 하고
또 너희 열매가 항상 있게 하여 내 이름으로 아버지께 무엇을 구하든지 다 받게 하려 함이라
내가 이것을 너희에게 명함은 너희로 서로 사랑하게 하려 함이라
요한복음 15:12-17

지난 주에 세계은행 총재에 한국의 김용 총장이 임명되었는데 이에 대해 《월스트리스 저널》이라는 신문기사에서 이런 기사를 썼습니다.

"오바마 미국 대통령은 지난 70년간 재무 또는 외교전문가를 추천하던 관행을 뒤집고 글로벌 의료분과 전문가인 김용 닥트머스 대학 총장을 세계은행 총재 후보로 추천했다. 김용 총장은 한국인 출신 미국의사로서 개발도상국 내의 에이즈와 결핵 등의 질병 퇴치를 위해 공공의료분야에서 경력을 쌓아왔으며 만약 다음 달로 예정된 이 사회에서 예상대로 총재로 임명될 경우 세계은행 사상 최초로 비 백인 출신 총재가 될 것이다."

또 이 의미에 대해서 이런 글도 있었습니다.

"김용 총장이 세계은행 총재에 선임되면 유엔과 세계은행과 세계통화기금 IMF 등 세계의 정치경제에 큰 영향력을 행사하는 국제기구 빅3 중 두 개 기구를 한국인 또는 한국계가 리드하는 샘이 되는 것이다."

이것은 정말 대단한 사건입니다. 그래서 저는 김용 총재에 대해 인터넷 기사를 살펴보게 되었고 처음 나온 헤드라인 기사 글은 이러했습니다.

"아버지는 살아남으려면 기술을 배워라.
 어머니는 위대한 것에 도전하라."

그 글을 자세히 읽어보니 이 분의 아버지는 매우 실용적인 분이신데 김용 총재에게 매일 같이 "오늘 할 일을 내일로 미루어서는 안 된다"라는 실제적인 교육을 했다고 합니다. 그리고 어머니는 철학과 출신으로 매일 같이 김용 총재에게 "위대한 것에 도전하라"는 말씀을 주셨다는 것입니다.
그래서 김용 총재는 아버지의 실용 정신과 어머니의 거대담론이 합쳐져서 오늘날 세계은행 총재로 만들었다는 요지의 기사였습니다.

사랑하는 성도 여러분, 저는 그 글을 보면서 참으로 일리있는 기사라고 생각했습니다. 다시 말해 우리 자녀들과 청년들에게도 이러한 가르침이 있어야겠지만 무엇보다 우리 어른들에게 오늘 하루하루 나에게 주어진 일에 최선을 다하는 삶을 살며 나아가 본질적인 것과 이상적인 무엇인가에 도전할 수 있는 이런 두 가지 균형이 우리 삶에 필요하겠다는 생각을 하게 되었습니다.

그래서 두 가지 기사 중 하나는 살아남으려면 기술을 배우라는 것과 위대한 것에 도전하라는 두 메시지 중에 저는 두 번째 메시지가 제 마음속에 맴돌았습니다. 우리가 살아가면서 살아남으려면 기술을 배워야 한다는 이론도 필요하지만 그보다 더 중요한 것은 위대한 것에 도전하라는 거룩하고도 위대한 도전의 목마름과 도전정신을 잃어버리면 안 된다는 것입니다.

그렇다면 우리는 이런 질문을 해볼 수 있습니다. 과연 그 위대한 도전이라는 부분에 대해 무슨 위대한 도전을 해야 합니까?
오늘 본문 말씀을 통해 "위대한 사랑 그리고 위대한 용서에 도전하자"라는 타이틀로 말씀을 나누고자 합니다. 먼저 본문 15절을 읽어보면 좋은 말씀이지만 이 말씀이 저에게는 참으로 충격적인 말씀으로 다가왔습니다.

지금까지 많은 목사님들이 이 본문을 가지고 "예수님은 우리의 친구가 되어주셨다" 또는 "나는 예수님의 친구다"라고 적용하는 설교가 대부분이었습니다. 그리고 저도 그런 설교를 했습니다.
그러나 이 말씀을 묵상하다가 깨달은 것은 바로 앞뒤로 공통된 말인 "너희로 서로 사랑하게 하려 함이라"는 구절이었습니다. 먼저 오늘 말씀의 핵심의 메시지는 "너희도 서로 사랑해야 된다" 그리고 "예수님은 나의 친구다"는 의미입니다.

그러나 조건이 있는데 그것이 14절 말씀입니다. "너희는 내가 명하는 대로 행하면 곧 나의 친구"라고 말씀하고 있습니다. 그렇다면 우리는 14절이 명령하는 것에 대해 알아야 할 것입니다. 12절 계명은 코멘드라고 해석해 놓았고 14절도 17절에 원어도 마찬가지로 코멘드라는 해석을 해놓았습니다.

다시 말해 'why don't u'가 아니라 'Let's'이라는 '거룩하라'는 명령의 의미로 예수님께서는 12절 말씀과 같이 "내가 너희를 사랑한 것 같이 너희도 서로 사랑 할 때 예수님이 우리의 친구가 될 수 있다"고 해석할 수 있는 것입니다.

그리고 또 다른 의미로 '종'이라는 개념으로 말씀을 살펴 볼 수 있는데 15절에 종이라는 단어가 나오며 이런 말씀을 하십니다. "이제부터는 너희를 종이라 하지 아니하리니 종은 즈인이 하는 것을 알지 못함이라…" 주님이 정의 내리시는 '종'의 개념은 무지함 즉 하나님의 뜻을 모르는 무지한 상태를 종이라고 부르시는 것입니다.

그런가 하면 15절 하반부에서 종의 자리에서 주님의 친구 자리로 옮겨간 사람의 특징을 말씀해주고 계십니다. "너희를 친구라 하였나니 내가 내 아버지께 들은 것을 다 너희에게 알게 하였음이라" 즉 아버지께 들은 것을 알아가는 사람이 예수님의 친구자리로 옮겨간 사람이라고 말씀하십니다.

그래서 우리가 종의 상태로 있을 때는 우리에게 일어나는 일들에 대해 그 어떠한 것도 그 진정한 의미를 발견하지도 찾지도 못합니다. 그러나 주님의 친구가 되고 또 영적인 깊이가 더해갈 때마다 내가 경험하는 사건 하나가, 내가 경험했던 아주 작은 일 하나에도 하나님이 주시는 메시지가 있다는 것을 깨닫는 단계가 친구의 단계라는 것입니다.

그래서 저는 이 말씀을 더 묵상하면서 제 자신에게 이런 질문을 해보게 되었습니다. "나는 무엇을 모르고 있는가? 나는 무엇을 더 알아가야 하는가?" 도저히 풀리지 않아 제 아버지 목사님께 여쭈어 보았더니 그 답을 "십자가에 대한 깊이와 넓이에 대한 묵상"이라고 말씀해 주셨습니다.

만약 제가 여러분께 "여러분 십자가를 아세요?"라고 질문한다면 여러분은 "네 당연히 알지요"라고 대답하실 것입니다. 그러나 사람마다 "십자가를 알아요"라고 한 그 대답 속의 깊이와 넓이는 천차만별이라는 것입니다. 이것이 십자가의 이해에 대한 차이인 것입니다.

어떻게 보면 목사인 저 또한 십자가를 잘 아는 것 같으면서도 또한 잘 모르겠습니다. 저는 이 십자가에 대해 정확히 아는 사람은 아무도 없다고 생각합니다. 그래서 우리는 평생을 두고 십자가의 비밀을 깨닫고 알아가야 합니다.

　본문 속에서도 주님은 십자가에 대해 언급해 주시고 계시는데 그 구절이 13절입니다. "사람이 친구를 위하여…" 말씀하시고, 그 일을 위해 주님이 십자가를 통해 구원해 내셨는데 그 십자가의 의미는 그 원수를 위해 자기 목숨을 내어 주시고 그리고는 그 위대한 일에 내가 도전하였으니 너희도 그렇게 하라고 하는 메시지인 것입니다.

　사랑하는 성도 여러분,
　이 시간 주님의 거룩한 이 십자가의 원리를 깨달으시고 함께 동참하시길 주님의 이름으로 축원합니다. 우리는 더 이상 하나님의 종의 신분이 아닌 하나님의 자녀 신분으로서 십자가를 더욱 알아가야 합니다. 이것이 십자가의 의미입니다. 여러분 제가 예전에 친구에 대해 네 종류의 친구가 있다고 설교를 했습니다. 여러분은 어떤 친구를 가지고 계십니까?

　마찬가지로 세상에서 말하는 친구의 범위는 내 자신의 인격의 범위입니다. 본문 말씀의 예로 빌레몬서에 나오는 오네시모라는 인물이 있습니다. 이 인물은 주인의 돈을 훔쳐서 달아나는 패륜아 같은 노예의 인물입니다. 세상적으로 하면 매장 당하고 죽어야 하는데 바울은 빌레몬에게 그를 용서하고 형제로 대하라 간청하는 서신을 보냈습니다. 더 놀라운 것은 그 서신을 성경으로 채택하여 우리로 하여금 읽기를 원하고 계시는 것입니다.
　오늘 말씀의 핵심은 우리도 주님의 사랑을 묵상하고 깊이를 깨달아서 주님이 그와 같은 위대한 사랑에 도전한 것 같이 우리도 원수까지 사랑한 그 사랑과 용서에 도전해야 된다는 말씀입니다.

지금 우리가 살아가는 세상은 철저하게 편가르기의 시대로 변해 갑니다. 특별히 우리나라는 좀 더 많이 심한 나라입니다.

여러분, 담배녀라고 아십니까? 지하철에 앉아 주위의 시선을 아랑곳하지 않고 담배를 피우는 서른여덟 살의 아줌마. 담배를 뺏자 열 받아서 욕설을 하며 노인과 몸싸움하는 여자의 모습. 나중에 결과를 보니까 3만원 벌금으로 끝이 났다고 합니다. 이걸 응징해야하는데 생각… 또 담배녀… 이번에는 철저하게 응징을 당함. 담배피고 있는 걸 모르고 물건을 집어 던지다 그 남자가 참다가 응징하면서 뺨을 때리고 멱살을 잡고 패대기를 치며 응징을 하고 폭행을 하는 모습을 보면서 내가 원하는 응징이 이것이었나? 제 마음 속에 정의라는 이름으로 울분이 자리잡고 있었습니다. 부끄러웠습니다. 이것이 저만이 아닌 여러분 모두에게도 울분이 있을 것입니다.

사랑하는 성도 여러분, 용서라는 위대한 도전에 동참해 주시기 바랍니다. "내가 너희를 사랑함 같이 너희도 서로 사랑하라"는 말씀을 붙잡고 위대한 도전에 나서시기 바랍니다. 나아가 우리 청년부 장년부의 영적, 수적 부흥을 위한 위대한 도전도 함께 시작해 보시길 바랍니다. 그리고 무엇보다 십자가의 묵상으로 가능함을 느끼시고 누군가에게 사랑하고 용서하는 도전을 가지시길 주님의 이름으로 축원합니다.

05
어떤 친구를 만나는가?

다윗에 대한 요나단의 사랑이 그를 다시 맹세하게 하였으니
이는 자기 생명을 사랑함 같이 그를 사랑함이었더라
사무엘상 20장 17절

여러분! 인순이라는 가수를 아십니까? 그 가수의 노래 중에 이런 노래가 있습니다.

> 우리들의 얘기로만 긴긴밤이 시작 됐어 When the time is alright it's wait to survive 기다려 oh run 사람들은 하고 있나 많은 것을 약속 했나 힘들어도 try 포기하지 말아 It will be all right all right …우리들의 얘기로만 긴긴밤이 지나도록 세월이 지나도 변치 말자고 약속했잖아 영원토록 변치 않는 그런 믿음 간직할래 … …

트위터 그리고 페이스북, 싸이월드는 누구를 만나는 공간입니까? 그렇다면 이들의 공통점 'common ground , common denomination'은 무엇일까요?

바로 친구입니다.

여러분, 여러분과 가장 친한 친구는 누구입니까? 인순이의 〈친구여〉라는 노래 중에 나오는 우리들의 이야기로 긴긴밤을 함께 지새울 수 있는 편안한 친구가 있습니까? 또, 그립고 보고 싶은 친구가 있습니까? 일 주일간 미치도록 보고 싶어 꿈속에 나타난 그런 친구가 있습니까? 저는 있습니다. 매일매일 보고있어도 보고싶은 친구 같은 친구가 있습니다. 우리 한번 옆에 있는 친구의 얼굴을 쳐다보기 바랍니다. 긴긴밤을 지새우며 이야기 할 수 있는 친구인가 아닌가?

그런 의미에서 우리 성도님들의 가장 친한 친구는 누구입니까?
지금 여러분의 친구 목록을 한번 꺼내보기 바랍니다. 그리고 그 친구 목록에 있는 그 친구 이름 중에 반드시 예수님이 있기를, 그리하여 예수님의 축복이 임하길 기도하시기 바랍니다.

요한복음 15장 13절에 "사람이 친구를 위하여 자기 목숨을 버리면 이에서 더 큰 사랑이 없나니"라고 말씀 하셨습니다. 혹시 여러분의 친구들 중에 여러분을 위해 죽어 줄 수 있는 친구가 있습니까? 지금 당장 큰 돈이 필요한데 아무 조건 없이(without condition) 빌려줄 수 있는 친구가 있습니까? 저는 친구에 대해 꽃과 같은 친구, 저울과 같은 친구, 산과 같은 친구, 땅과 같은 친구가 있다고 생각해 보았습니다.

첫 번째, 꽃과 같은 친구입니다. 꽃은 처음 볼 때는 너무나 아름답고 예쁩니다. 그래서 예쁠 때는 많은 사람들에게 칭찬을 받습니다. 그러나 그 꽃이 시들게 되면 아무도 그 꽃을 쳐다보지도 않습니다. 그래서 꽃과 같은 친구는 자기 좋을 때만 찾아오는 친구를 말합니다.

두 번째, 저울(scales)과 같은 친구입니다. 저울은 물건의 무게를 재는 용도로 쓰여집니다. 또 저울 속의 추(weight)는 이쪽, 저쪽을 왔다 갔다 합니다. 즉, 저울과 같은 친구는 자신에게 이익이 되는 친구를 골라서 만나고 자기 편한 데로 이쪽으로 갔다가 저쪽으로 가는 친구를 말합니다.

세 번째, 산과 같은 친구입니다. 산은 언제나 자신의 자리에서 움직이지 않고 한결같다는 것입니다. 또한 자신의 자리에서 사람들을 반겨줍니다. 요즘은 산불이 너무 많이 나는 이 유 때문에 산들의 울창함이 적어지기는 합니다. 그러나 울창한 그 산에 불이 나지 않는 이상에는 산은 없어지지 않고 늘 한결같이 있게 됩니다. 그래서 산과 같은 친구는 나를 믿고 맡길 수 있는 든든한 친구를 말합니다.

네 번째, 땅과 같은 친구입니다. 땅은 씨앗과 같은 많은 생명을 키워주는 역할을 합니다. 또 자신이 가장 밑바닥에서 모든 열매와 나무들을 받쳐주기도 합니다. 땅과 같은 친구는 언제나 나를 지지해(support) 주는 그런 친구를 말합니다.

이 4분류의 친구 중에 어떤 친구를 만나고 싶습니까? 또 여러분은 친구들에게 어떤 친구입니까?

본문에 나오는 다윗과 요나단은 성경에서 가장 모범이 되는 리빙 모델(living model)의 친구의 모습을 보여주고 있습니다. 사울 왕이 다윗을 죽이려 할 때 사울의 아들 요나단이 다윗을 살려 주면서 이 둘의 친구 관계가 하나님이 맺어주신 친구관계라는 것을 알 수 있었습니다.

분문 말씀에서 "요나단이 다윗을 사랑하므로 … 이는 자기 생명을 사랑함 같이 그를 사랑함이라"고 말하고 있습니다. 만약 부모님과 남자 친구 혹은 여자 친구 둘 중 한 명을 선택하라고 한다면 여러분은 어떤 선택을 내리시겠습니까? 요나단의 아버지인 사울이 요나단에게 다윗을 잡아서 죽이라고 명했지만 요나단은 오히려 다윗을 살려주게 됩니다.

혹시 이 둘의 관계가 요즘 말하는 동성연애(homosexuality)의 관계라고 생각할 수 있겠지만 아닙니다. 그럼에도 요나단은 다윗을 자기 생명을 사랑함 같이 다윗을 사랑했다고 말합니다.

여러분, 다시 한번 옆에 있는 친구의 얼굴을 바라보시기 바랍니다. 그러면서 이렇게 축복해 주시기 바랍니다. "내가 당신의 산과 땅 같은 친구가 되겠습니다. 당신을 사랑합니다." 그런데 혹시 여러분의 친구 리스트 중에 예수님이라는 친구가 있습니까? 여러분이 친구를 만날 때, 그 친구가 나를 많이 사랑해주고 나를 위해 헌신해 주는 친구라면 아마도 매일매일 그 친구를 만나고 싶어할 것입니다. 그러나 내 친구가 나보다 다른 사람을 더 사랑하고 나를 나쁜 길로 인도하며 나에게 욕하는 그런 친구는 별로 만나고 싶지 않을 것입니다.

혹시라도 여러분의 친구 리스트 중에 예수님이라는 이름이 빠졌다면 그 이유는 여러분이 예수님보다 다른 무언가를 더 사랑하고 있기 때문일 것입니다. 어떤 사람은 난 매일 죄짓기 때문에 나와 예수님과는 친구가 될 수 없다고 스스로에게 말하며 예수님을 자신의 친구 리스트에서 빼버렸다고 합니다.

예수님은 여러분의 영원한 친구이십니다. 그리고 예수님은 여러분과 긴긴밤을 지새우고 싶어하십니다. 《친구》라는 영화에서 보면 마지막 장면에 장동건과 유호성의 대화중에 이런 대사가 나옵니다. "우리 친구 아이가?" 이 시간 예수님이 여러분에게 말씀 하십니다. "우리 친구 아이가?" 여러분의 영원한 친구이신 예수님을 찬양으로, 말씀으로 그리고 기도로 만나시기를 축원합니다.

영화 《친구》에 보면 주인공은 고등학교에서 퇴학을 당하고 폭력조직에 들어가게 됩니다. 이 주인공은 거룩의 거울(HOLY Mirror)로 보면 분명 문제가 있는 학생입니다. 그러나 은혜의 거울(GRACE Mirror)로 이들을 보면 그 주인공은 집이나 학교, 교회에서 친구가 없어 울고 있는 학생일 것입니다. 다시 한번 마지막으로 옆에 있는 친구의 얼굴을 보며 이렇게 말합시다. "울지 마세요… Don't cry…"

우리 모두, 다들 한 가지 이상의 문제를 가지고 있습니다. 우리 삶에서 가장 큰 문제점이 무엇인지 압니까? 친구를 기다리는 사람은 많은데 친구가 되어주려는 사람은 별로 없다는 것입니다. 사랑을 받고자 하는 사람은 많은데 정작 사랑을 주려고 하는 사람은 적다는 것입니다.

여러분, 어떤 어려운 일이 생길 때마다 각자 자신이 그 어려움을 이겨 내는 방법이 있습니다. 어떤 사람은 가장 친한 친구에게 전화하여 울면서 자신의 어려움을 이야기하기도 하고 또 어떤 사람은 술이나 담배, 혹은 나이트클럽 가서 새로운 사람들과 만나고 춤추며 이야기 하면서 풀기도 하고 또 어떤 사람은 교회에 나와 해결될 때까지 기도하며 풀어가는 사람이 있습니다.

여러분은 어떤 방법으로 문제들을 해결해 가시겠습니까? 제가 아주사신학대학교를 졸업했는데 아주사신학대학교에서 신입생에게 'God First'를 가르쳐 믿음을 일깨워 줍니다. 여러분, 예수님이 여러분의 베스트프렌이 되길 바랍니다. 힘들 때도 기쁠 때도 God First가 되길 주님의 이름으로 축원합니다.

여러분은 앞으로 많은 사람들을 만날 것이고 또 많은 만남이 여러분을 기다리고 있을 것입니다. 명심하십시오. 좋은 친구를 찾으려고 한다면 그 만남은 어려울 것입니다. 그러나 여러분 스스로가 좋은 친구가 되려고 노력한다면 어느 곳에든지 친구는 있을 것입니다. 내가 더 공부를 많이 했는데, 내가 더 잘생기고 예쁜데, 내가 더 돈이 많은데, 난 저 사람이랑 수준이 다른데, 내가 더 잘났는데… 나는 영어를 잘하는데, 난 한국말을 더 잘하는데… 절대 착각(illusion) 하지 마십시오. 우리 모두는 다 똑같은 사람입니다.

여러분, 오늘 말씀 묵상 하시면서 산과 같은, 땅과 같은, 요나단 같은 진정한 친구가 되어 줄 수 있는 여러분들이 되기를 주님의 이름으로 축원합니다.

06
다시 일어서는 신앙

미련한 자의 생각은 죄요 거만한 자는 사람에게 미움을 받느니라
네가 만일 환난 날에 낙담하면 네 힘이 미약함을 보임이니라
너는 사망으로 끌려가는 자를 건져 주며 살륙을 당하게 된 자를 구원하지 아니하려고 하지 말라
네가 말하기를 나는 그것을 알지 못하였노라 할지라도
마음을 저울질 하시는 이가 어찌 통찰하지 못하시겠으며 네 영혼을 지키시는 이가
어찌 알지 못하시겠느냐 그가 각 사람의 행위대로 보응하시리라
내 아들아 꿀을 먹으라 이것이 좋으니라 송이꿀을 먹으라 이것이 네 입에 다니라
지혜가 네 영혼에게 이와 같은 줄 알라 이것을 얻으면 정녕히 네 장래가 있겠고
네 소망이 끊어지지 아니하리라 악한 자여 의인의 집을 엿보지 말며
그가 쉬는 처소를 헐지 말지니라 대저 의인은 일곱 번 넘어질지라도
다시 일어나려니와 악인은 재앙으로 말미암아 엎드러지느니라
잠언 24:9~16

여러분! 예전에 《개구리 왕눈이》라는 만화를 본적이 있으십니까? 먼저 그 《개구리 왕눈이》라는 만화를 보면 개구리 왕눈이가 힘들고 외로울 때 부르는 노래가 있는데 그 노래의 가사 중에 이런 부분이 있습니다.

"일곱 번 넘어져도 일어나라… 울지 말고 일어나 빰바바 피리를 불어라 빰바라 니가 울면 무지개 연못에 비가 온단다." 간단한 가사 같지만 의미가 있는 가사입니다.

만약 개구리 왕눈이가 힘들어 울면 같이 살고 있는 다른 개구리들도 슬퍼서 울게 되니까 힘이 들어서 넘어지려고 해도 끝까지 포기하지 말고 일어나서 개구리 왕눈이의 사명인 피리를 꼭 불어 달라고 하는 의미의 노래입니다.

마찬가지로 오늘 말씀에서도 "의인은 일곱 번 넘어질지라도 다시 일어나려니와 악인은 재앙으로 인하여 엎드려 지느니라"고 말씀해 주고 계십니다. 그런 의미에서 오늘은 7이라는 숫자를 가지고 함께 말씀을 나누어 보려고 합니다.

1. 일주일은 몇 일 입니까? 7일입니다.
2. 그리고 하나님이 세상을 창조하고 며칠째 안식 하셨습니까? 7일째 안식하셨습니다.
3. 그러면 무지개의 색은 몇 가지입니까? 7가지입니다.
4. 우리 기독교에서는 7이라는 숫자를 완전수라고 부릅니다.

또 성경에서 살펴보면
1. 마태복은 13장의 7가지 비유가 나옵니다. 씨뿌리는 비유, 겨자씨, 누룩, 가라지, 보화, 진주, 그물 (씨겨누가지그보)
2. 두 번째로 요한계시록에서 일곱 교회, 일곱 촛대, 일곱 천사, 일곱 인, 일곱 나팔, 일곱 대접 등이 나옵니다.

에베소, 서머나, 버가모, 두아디라, 사데, 빌라델비아, 라오디게아. 그렇다면 마지막으로 우리 현실에서는 7이라는 숫자가 어떻게 이용이 되고 있을까요?
1. 한국 가수 중에 세븐이라는 가수가 있지요. 그 여자 친구가 누군지 아십니까?
2. 그리고 스토어 중에 세븐일레븐이라는 스토어가 있습니다.
3. 또 마지막으로 컴퓨터에는 window7이 있습니다.

그렇다면 오늘 제가 왜 7이라는 숫자를 말하고 있을까요? 오늘 말씀 중에 7이라는 숫자가 나오게 됩니다. 그런 의미에서 여러분 행복하게 살기 원하세요? 어느 누구나가 즐겁고 행복하게 살기 원합니다.

그래서 학생들은 공부도 열심히 하며 운동도 열심히 하는 것이며 또 자신이 처한 상황과 환경에서도 성실히 일하며 바쁘게 지내는 것입니다. 그렇다면 이 세상에서 가장 행복한 사람이 누구라고 생각합니까? 저는 오래 전에 페리스 힐든이 이 세상에서 가장 행복한 사람이라고 생각한 적이 있었습니다.

마찬가지로 오늘 그 가장 행복한 사람이 누구인지 말씀을 통해서 찾아보시길 바랍니다.

여러분 혹시 그런 경험있습니까? 공부를 할 때나 혹은 일을 할 때 그리고 운동을 할 때 처음 한두 번은 열심히 그리고 열정을 다해 노력하며 도전합니다. 그리고 특별히 자신이 좋아하는 일을 시작하게 될 때 처음 한두 달 혹은 처음 1-2년은 그것 아니면 안될 것 같은 마음으로 살다가 조금씩 시간이 지나다 보면 서로 다투기도 하고 조금씩 관계의 문제가 발생되기도 합니다.

또 한 예로 제 대학교 후배 중에 OOO이라는 탤런트가 있습니다. 그런데 그 후배는 3년 동안 영화배우, 탤런트, 아나운서 시험과 오디션에 100번은 넘게 도전했지만 결국 합격하지 못했습니다. 그러다 마지막이라는 생각을 가지고 한번 더 도전을 한 끝에 결국 MBC 탤런트 공채로 뽑히게 되었습니다. 학교 선 후배들은 놀랐습니다.

어떻게 저 후배가? 저 선배가 MBC에?

　사랑하는 성도 여러분, 오늘 말씀에서도 "대저 의인은 일곱 번 넘어질지라도 다시 일어나려니와"라고 말씀하시는데. 먼저 '대저'라는 말은 '왜냐하면'이라는 뜻이고 '의인'이라는 뜻은 '믿음으로 사는 사람'들을 말합니다.
　오늘 15~16절 말씀은 악한 사람들이여, 의인을 괴롭히지 말라고 하십니다. 왜냐하면 의인은 하나님의 '믿음으로 사는 사람'들이기 때문에 그들이 일곱 번 넘어져도 하나님의 은혜와 섭리로 다시 일어나 악인인 너희들을 언제든지 넘어뜨릴 수 있는 권위와 힘이 있다는 뜻입니다. 그렇기 때문에 우리는 특별히 의인의 삶을 살아야 하는 것입니다. 그리고 우리가 믿음의 사람인 '의인'의 길을 살게 되면 세상의 그 어떠한 고난과 역경도 우리를 건드릴 수 없다는 것입니다.

　저는 크리스천과 넌크리스천의 사이에 대해 서로가 살아가는 목적이 다르다고 생각합니다. 먼저 크리스천들은 주님을 위해 살아가는 사람일 것이고 넌크리스천은 자신만을 위한 성공을 위해 살아가기 때문에 다른 사람들입니다.

　이번 홍콩에서 어느 여자 분을 만나게 되었는데 먼저 그분의 직업은 일본, 한국에서 술집을 운영하는 술집 마담이었습니다. 그리고 그 분의 외모를 보면 술집 마담의 외모가 아닌 해골 모양의 허약한 몸을 가지고 있었는데 그 이유는 지금까지 살아오면서 수술을 12번이나 해서 몸이 그렇게 되었고, 무엇보다 그분은 60여 년 동안 결혼을 하지 않고 살았고, 12번의 수술을 하면서 까지도 끝까지 자신의 생명을 포기하지 않았던 이유는 다름 아닌 자신의 목표가 있었기 때문이고, 그 목표를 위해 지금까지 악착같이 버텨왔다고 말하였습니다.

그러면서 하는 말이 자신이 아무리 더러운 창녀이고 술집 마담이지만 자기에게도 꿈이 있고 그 꿈이 자기를 지금까지 버틸 수 있게 해주었다고 말하였습니다. 또 언젠가 TV의 《힐링캠프》에 출연한 신은경이라는 배우 또한 죽을 수밖에 없는 절망 속에서 그나마 장애인으로 사는 자신의 아들이 있었기 때문에 지금까지 버틸 수 있었다고 고백하는 방송을 본 적이 있습니다.

사랑하는 성도 여러분,

우리에게 비전과 꿈이 있으면 우리는 반드시 살 수 있습니다. 마찬가지로 우리 교회와 가정에 꿈과 희망과 목적이 확실하다면 나아가 하나님의 말씀이 있다면 우리는 영생할 수 있다는 것을 믿으시길 바랍니다.

이와 같이 요즘 자신의 성공만을 위해 살아가는 사람들이 많습니다. 그리고 또 사람들은 어떤 일을 하다가도 중간에 포기하는 경우가 많습니다.

여러분! 지금 여러분은 무엇을 위해 일하고 또 무엇을 위해 삶을 살아가십니까? 그리고 또 하나, 여러분의 자녀들과 손주들 또한 무엇을 위해 살아가고 있는지 생각해 보신적이 있으십니까?

오늘 고 2학생들과 식사를 하고 이런 저런 대화를 나누며 하루를 보냈습니다. 그런데 얘기를 나누면서 제 마음 한구석이 많이 무거워졌습니다. 그 이유는 우리 아이들에게 자신들의 삶의 목표가 없다는 것입니다. 그리고 중요한 것은 무엇을 위해 살아야 하는지 또 자신이 무엇을 해야 하는지를 알지 못하고 많이들 방황하고 있다는 것입니다.

오늘 이 시간에 특별히 우리 자신은 물론 우리 자녀들과 손주들을 위해 눈물 흘리며 기도하길 원합니다. 그리고 혹이라도 지금 이 시간 좌절하고 낙망하며 눈물 흘리고 있는 그 누군가가 있다면 그리고 삶의 방향을 잃어버리고 넘어져 있는 그 누군가가 있다면 나사렛 예수 그리스도의 이름으로 선포하며 6번 넘어져도 7번 일어나는 마음을 가지게 해달라고 간구하시길 원합니다. 그리고 우리에게 그리고 그들에게 어떠한 고난과 시련이 찾아온다 해도 주님이 주신 그 목적과 비전을 잃어버리지 않게 도와 달라고 기도해 주시길 주님의 이름으로 축원합니다.

마지막으로 본문 13~14절의 말씀을 보시겠습니다. 꿀은 벌들이 꽃의 꿀을 모은 것입니다. 그리고 그것은 무기질을 포함한 설탕 성분으로서 아주 뛰어난 에너지 식품입니다. 그래서 그것은 입에 달고 몸에도 힘이 되므로 모든 사람이 좋아하는 식품입니다.

마찬가지로 본문에서도 '지혜가 꿀과 같다'라고 말하고 있는데 먼저 잠언에서는 지혜는 하나님을 알고 하나님을 경외하는 것이며 그의 말씀대로 사는 것을 말하며, 하나님과 주 예수 그리스도가 그 지혜 자체이시며 하나님의 말씀이 곧 지혜다는 말로 설명될 수 있습니다. 여러분이 무엇을 하던지 주님의 말씀으로 다시 일어설 수 있는 믿음을 가지시고 일곱 번을 넘어지더라도 다시 일어나 새롭게 시작할 수 있는 믿음을 가지시길 주님의 이름으로 축원합니다.

특별히 우리 교회가 이 시대의 문화적, 그리고 선교적 사명을 가지고 하나님을 믿지 않고 좌절하며 낙심한 사람들에게 복음을 전하는 귀한 교회가 되길 바랍니다. 그러기 위해서는 먼저 우리의 예배가 회복되어져야 합니다. 그리고 두 번째로 우리의 열정이 회복되어져야 할 줄 믿습니다. 그리고 마지막으로 주변 사람들을 불쌍히 여기는 긍휼의 마음이 회복되어지길 주님의 이름으로 축원합니다.

그럴 때 우리 주님은 여러분을 의인으로 만들어 가실 것이고 이로 인해 우리는 어떠한 고난과 역경도 이길 수 있는 강력한 하나님의 제자들이 되어 갈 것입니다. 여러분이 꼭 기억해야 할 한 가지가 있는데 지금 비록 우리 교회가 인원이 많지도 않고 돈이 넉넉하지도 않지만 우리가 한마음, 한뜻을 가지고 하나씩 아름답게 세워 나간다면 반드시 우리 주님이 영혼을 구원하는데 필요한 사람들을 붙여 주실 것이고 필요한 재정도 채워 주실 것입니다. 이를 위해 여러분 오늘 이 시간 내가 이 예배와 영혼 구원하는 사역에 쓰임 받기 원한다고 하나님께 아뢰십시요.

그리고 "누군가가 하겠지"가 아니라 "내가 하겠습니다. I will do it. 내가 하겠습니다"라는 마음으로 즐겁고 은혜롭게 만들어 가길 기대해 봅니다. 그러기 위해서는 첫 번째로 오늘 말씀대로 다시 일어설 수 있는 믿음이 필요하며, 두 번째로 눈물의 기도가 필요할 것입니다.

사랑하는 성도 여러분,

이 시간 지금은 없지만 곧 생긴다는 믿음을 선포하시고 여러분의 가정과 교회와 직장과 생업을 위해 끝까지 포기하지 말고 주님만을 부르짖는 믿음을 가지시길 축원합니다. 그리고 개구리 왕눈이와 같이 일곱 번 넘어져도 다시 일어나 울지 않고 일어나서 피리를 부는 오뚝이와 같은 신앙의 모습을 가지고 일곱 번 넘어져도 다시 일어나 새롭게 시작할 수 있는 믿음으로 특별히 이 지역의 하나님을 알지 못하는 우리 이웃들에게 하나님의 복음을 전하는 귀한 전도자로서의 사명을 잘 감당할 수 있는 여러분 모두가 되시기를 주님의 이름으로 축원합니다.

07
세상을 이기는 자

누구든지 예수를 하나님의 아들이라 시인하면 하나님이 그의 안에 거하시고
그도 하나님 안에 거하느니라 하나님이 우리를 사랑하시는 사랑을 우리가 알고 믿었노니
하나님은 사랑이시라 사랑 안에 거하는 자는 하나님 안에 거하고
하나님도 그의 안에 거하시느니라 이로써 사랑이 우리에게 온전히 이루어진 것은
우리로 심판 날에 담대함을 가지게 하려 함이니
주께서 그러하심과 같이 우리도 이 세상에서 그러하니라 사랑 안에 두려움이 없고 …
우리가 무엇이든지 구하는 바를 들으시는 줄을 안즉
우리가 그에게 구한 그것을 얻은 줄을 또한 아느니라
요한일서 4:15~5:15

오늘 본문의 내용은 요한일서 전체를 정리하는 것뿐만 아니라 우리 신앙 전체를 요약해 내는 말씀입니다. 기독교 신앙이 뭐냐라고 물었을 때 오늘 본문의 말씀을 가지고 농축해서 이야기 할 수 있습니다. 그렇기 때문이라도 더 집중해서 말씀으로 나아가시길 바랍니다.

최근에 미국 NBA농구 경기에서 너무나 재미있는 일들이 벌어지고 있습니다. 뉴욕닉스와 토론토와의 경기에서 한참을 뒤지고 있던 뉴욕닉스가 종료 몇 분전까지 따라잡아 87:87 동점이 되었습니다.
그렇게 동점을 만들고 0.5초를 남긴 상황에서 3점 숏을 성공시켜 뉴욕닉스가 역전 승리하게 되었습니다. 있을 수 없는 승리였습니다.

그런데 그 승리는 주역이 '제라미 린'이라는 청년이었습니다. 지금 미국은 린이라는 청년 열풍에 빠져 있습니다. 믿을 수 없는, 있을 수 없는 인크레더블한 사람을 린 크레더블이라고 부르고 있습니다. 예전에 에어조단이라고 불렸던 농구선수의 인기를 뛰어넘고 있습니다. 이 친구는 뉴욕닉스팀에서 벤치 신세를 넘지 못하던 사람이었습니다. 이틀 후면 재계약인데 만약 재계약이 되지 않으면 방출되어서 실업자가 될 수 있는, 그리고 또 돈이 없어 형의 아파트 거실에서 잠을 자던 그런 초라하고 실패한 인생의 젊은이였습니다.

그러던 중 팀이 지고 있던 게임에서 출전기회를 얻은 그의 활약으로 그 경기를 뒤집어 버린 것입니다. 그 다음날도 주전 선수들의 부상으로 대신 나가서 훌륭한 성적을 거두어 5경기 만에 역대 최고의 신기록을 세웠습니다. 그는 인생을 역전시켰습니다.

그리고 그는 인터뷰 때 "저보다 더 큰 사람이 있습니다. 그분에 대해 이야기 했으면 좋겠습니다"라고 말하면서 하나님에 대하여 간증했습니다. 그는 골을 넣을 때마다 하나님께 영광을 돌렸습니다. 앞으로 그는 농구에서만 이기는 자가 아니라 죄와 세상의 욕망 가운데 그리고 사망 가운데서 이기는 자가 될 것입니다. 그리고 그는 장래의 꿈은 목사가 되어 복음 증거 하는 일이라고 인터뷰 했습니다.

사랑하는 여러분, 제라미 린의 이기는 자의 모습이 여러분 모두에게 있기를 바랍니다. 마찬가지로 여러분, 우리도 때로는 벤치 신세를 면하지 못할 때가 많습니다. 아무도 알아주지 않고, 집이 없어 소파에서 자야하고, 앞날이 캄캄하고 남들이 손가락질 하고, 경제적인 것뿐 아니라 죄를 짓고 실패하는 삶, 또 사람들과의 관계에서

틀어져 힘든 삶을 사는 인생, 다시 말해 내 자신을 이기지 못하고 세상을 이기지 못하는 경험을 할 수도 있다는 얘기입니다.

그러나 본문 성경은 "세상을 이길 수 있는 자는 하나님을 믿는 자녀들 밖에는 없다"고 말합니다. 믿음으로 세상을 이길 수 있습니까? 본문 5장 5절에 다시 반문해보면 하나님의 아들을 믿는 자는 세상을 이기고 하나님의 자녀는 세상을 이긴다는 뜻입니다.

여러분 요한계시록 3장 21절에서 "이기는 자가 되면 내 보좌에 함께 앉게 하신다"고 말씀 하십니다. 주님과 함께 주님 앞으신 그 보좌에 앉는 것, 삼위일체 하나님이 앉으신 그 보좌 천국에 들어가는 것도 감사한 일인데 우리에게 그 보좌를 내어주신다는 말씀입니다.

그렇다면 어떻게 세상을 이깁니까?(How to success in my life?) 경제, 삶, 부담, 미움, 욕망으로 결단하고 또 무너지는 내가 어떻게 이깁니까? 요한일서 5장 4절에 보면 이렇게 말합니다.
"믿음이니라 세상을 이기는 이김은 믿음이니라" 여러분, 교회를 오래 다니신 분은 이런 말씀을 드리면 감동이 없습니다. (특별히 믿음은…) 믿음이 뭐냐? 너무 추상적이다는 식으로 말입니다.
그러나 여러분 진정으로 믿음이 무엇입니까? "믿음은 예수님을 하나님의 아들이심과 그리스도로 믿는 것이 믿음이다"라고 요한일서 5장 5절은 말합니다.

그런데 중요한 것은 그 믿음이 진짜 일까요? 본문 요한일서 5장

1절에 "예수께서 그리스도이심을 믿는 자만 하나님께로 난 자니 그를 사랑하는 자마다 그에게서 난 자를 사랑하신다"고 말씀합니다. 이는 우리가 믿음을 가지고 있는 자라는 것에 대한 진짜 진위의 여부를 알기 위해서는 하나님의 또 다른 자녀들을 우리가 사랑하냐 하지 않느냐는 문제로 진위를 파악할 수 있다는 얘기입니다.

믿음은 직분이 증명하는 것도 아니고 몇 년, 몇 대째 기독교 집안으로 판단하는 것도 아닌 또 다른 형제자매를 사랑하느냐, 사랑하지 않느냐 하는 문제로 진심으로 사랑한다면 믿음을 가진 자이지만 사랑이 없다면 그것은 아무리 외쳐도 가짜인 것입니다. 여기서 한번 더 질문을 하면, 이기는 자는 믿음이 있는 자이고 믿음이 있는 자는 사랑이 있는 자라고 하는데 그렇다면 그 사랑에 대해 또 진위를 밝혀야 한다는 것입니다. 그 답으로 요한일서 5장 2절에 "계명을 지킬 때 사랑함을 안다. 증명된다"고 말씀하고 있습니다.

이 말씀을 정리한다면 첫 번째, 형제를 사랑하고 자매를 사랑합니까? "사랑합니다"라고 하고 있습니다. 두 번째, 그렇다면 얼마나 사랑하는데요? "사랑해서 섬깁니다. 그래서 섬깁니다"라고 말한다면, 그 말로는 설명할 수 없는 사랑을 증명하려면 세 번째, "계명을 지키는 자가 사랑하는 사람이다"라고 볼 수 있습니다. 즉, 닭이 먼저냐 계란이 먼저냐 하는 질문입니다.

우리는 이 문제에 대해 요한일서 4장 21절에서 무엇이 첫째로 와야 하는지 깨달을 수 있습니다. "하나님을 사랑하는 자는 형제를 사랑할지니라" 하시면서 요한일서 4장 19절에서 우리가 사랑함은 그가 먼저 우리를 사랑하셨듯이 첫째로는 하나님이 우리를 사랑하심으로 비로소 우리가 하나님을 사랑할 수 있고 그러므로 형제를 사랑하고 계명을 지키게 되는 것입니다.

그러면서 요한일서 4장 17절에 "이로서 사랑이 우리에게 온전히 이루어진 것은 우리로 심판 날에 담대함을 가지게 하려함이니 주께서 그러하심과 같이 우리도 이 세상에서 그러하다"고 말씀하고 계십니다. 즉, 하나님을 사랑할 때 형제를 사랑하게 되며 형제를 사랑하게 되면 계명을 지키게 되므로 우리 삶에 연약했던 부분과 실수투성이의 부분들이 하나님의 사랑이 충만히 임하여져서 모든 것이 온전히 이루어질 수 있는 것입니다.

사랑하는 청년 여러분,
우리의 사랑은 온전히, 그리고 완전해 질 수 없습니다. 그러나 하나님과의 교제와 사랑의 공급을 통해 우리의 삶이 완전해져서 두려움을 내쫓고, 종말과 같은 어떠한 고난 앞에서도 담대해질 수 있는 믿음과 영권이 생길 수 있습니다.
여러분이 아무리 열심히 봉사하고 사랑을 나누더라도 돈을 많이 벌고, 승진이 되어 성공한다 하더라도 진정한 승리가 주어지지 않습니다. 혹여 승리할지라도 단지 보여지는 현상입니다. 그러나 먼저 사랑해주신 하나님의 사랑이 공급되어질 때 우리의 힘과 능력이 아닌 하나님의 사랑으로 그 모든 사랑을 온전히 이룰 수 있습니다.

사랑하는 청년 여러분, 세상을 이기고 싶으십니까? 그리고 두려움과 불안함 그리고 좌절과 화냄과 관계의 문제에서 승리하길 원하십니까? 그렇다면 가장 먼저 하나님의 사랑을 공급받길 바랍니다.

영화《니모》에서 니모를 사랑하는 아버지의 진정한 사랑이 있었기 때문에 끝까지 찾아다닐 수 있는 믿음이 생기게 된 것이고 그 과정에서 계명과도 같은 방법 즉, 시드니로 가는 방법을 알게 되어 관계의 문제, 좌절과 자존심의 문제, 내려놓음의 문제, 두려움과 불안함의 문제, 그리고 가정의 문제까지 모두 이기는 자가 되었음을 보았습니다.

영화에서도 적용이 되는 성경말씀을, 여러분 이 시간 간절히 구하시길 주님의 이름으로 축원합니다.

08
열두 바구니를 거두는 인생

사도들이 돌아와 자기들이 행한 모든 것을 예수께 여쭈니 데리시고 따로 벳새다라는
고을로 떠나 가셨으나 무리가 알고 따라왔거늘 예수께서 그들을 영접하사
하나님 나라의 일을 이야기하시며 병 고칠 자들은 고치시더라
날이 저물어 가매 열두 사도가 나아와 여짜오되 무리를 보내어 두루 마을과 촌으로 가서
유하며 먹을 것을 얻게 하소서 우리가 있는 여기는 빈 들이니이다
예수께서 이르시되 너희가 먹을 것을 주라 하시니 여짜오되 우리에게 떡 다섯 개와
물고기 두 마리밖에 없으니 이 모든 사람을 위하여 먹을 것을 사지 아니하고서는
할 수 없사옵나이다 하니 이는 남자가 한 오천 명 됨이러라 제자들에게 이르시되
떼를 지어 한 오십 명씩 앉히라 하시니 제자들이 이렇게 하여 다 앉힌 후
예수께서 떡 다섯 개와 물고기 두 마리를 가지사 하늘을 우러러 축사하시고 떼어
제자들에게 주어 무리에게 나누어 주게 하시니
먹고 다 배불렀더라 그 남은 조각을 열두 바구니에 거두니라
누가복음 9 :10~17

열두 바구니를 거두는 인생이라는 제목을 가지고 말씀을 나눌 때 하나님의 음성을 듣는 귀한 시간되시기를 주님의 이름으로 축원합니다. 먼저, 본문 말씀 중에 우리 성도님들에게 가장 많이 알려져 있고 또 가장 좋아하는 구절은 아마도 16~17절입니다.

"떡 다섯 개와 물고기 두 마리를 가지고 축사하시고 무리에게 나누어 주어 먹고 다 배 불렀더라 그 남은 조각을 열두 바구니에 거두니라"

이 구절은 믿음의 응답 그리고 기도의 응답이 있는 말씀이기에 많은 성도님들이 이 믿음으로 기도하며 믿음으로 선포하십니다. 그러

나 중요한 것은 다 먹고 열두 바구니를 거둔다고 기도하며 응답받는 다에 초점을 맞추는 것이 아니라, 너희가 먹을 것을 주라고 하신 말씀에 순종하여 무리를 지어 한 오십 명씩 앉히고 있는 제자들과 예수님과의 관계에 초점을 맞추어야 한다는 것입니다.

사랑하는 여러분, 이 오병이어의 축복이 우리 삶에서 이루어지길 주님의 이름으로 축원합니다. 그리고 그 축복을 통해 여러분의 가정과 지역사회에 열두 바구니를 나누어 주시는 여러분이 되시기를 주님의 이름으로 축원합니다. 그러기 위해서는 우리가 '기도하면 응답받는다'에 초점을 맞추지 말고 '하나님과의 관계'에 초점을 맞추어 말씀을 함께 나누길 바랍니다.

여러분 'C.S 루이스'라고 하는 소설가는 "천국을 목표로 하면 땅을 거저 얻는다 그러나 땅을 목표로 하면 아무것도 얻지 못한다"고 말하고 있습니다. 우리의 초점이 천국에 있고 우리의 초점이 예수님과 신앙에 있다면 우리는 모든 것을 얻는 사람이 되지만, 우리의 초점이 응답에 있고 우리의 초점이 이 땅에 있다면 우리는 아무것도 얻지 못하는 사람이 될 것이라고 C.S 루이스는 경고하고 있습니다.

이 말씀을 예수님과의 관계, 예수님과의 신앙과 천국에 초점을 맞추어 살펴보겠습니다. 오래 전에 한창 리더십에 대해 크게 이슈가 된 적이 있었는데, 그때 다른 여러 나라의 리더십이 거론되면서 특별히 우리 대한민국을 대표해 한글을 만든 세종대왕이 거론된 적이 있었습니다.

그런 의미에서 여러분 혹시 지금까지 훈민정음 언해본을 기억하시는 성도님이 계십니까? '나랏말쏨이 듕귁에 달아 문자와 서로 사맛지 아니할시 이런 전차로 어린 백성을 니르고져 할베이셔도 마참매 제 브들 시러 펴디몬할노미 하니라 내 이를 위하야 어엿비너겨 스물어덟자를 망그노니 이런 전차로 어린백성이 니르고져 할베이셔도' 학창시절 선생님께 매 맞아가며 외웠던 구절일 것입니다.

이 말의 뜻은 우리나라 말이 중국과는 달라서 한자로는 서로 잘 통하지 아니하니 이런 까닭에 어진 백성들이 말하고 싶은 것이 있어도 그 뜻을 담아내지 못하는 사람이 많으니 내 이를 불쌍히 딱하게 여기어서 새로 28자를 만드노니 사람들로 하여금 날마다 편하게 할 따름 이니라고 하는 뜻의 말입니다.

또 세종대왕은 한글 뿐 아니라 집현전, 해시계, 물시계 등을 만들었는데 이 역시도 백성들을 불쌍히 여겨 편안하게 살도록 하기 위해 만든 것입니다. 세종대왕이 좋은 리더십을 발휘할 수 있었던 이유는 백성을 불쌍히 여기는 마음이 있었기 때문에 나라를 잘 다스릴 수 있었다는 것입니다.

사랑하는 여러분, 만약 우리 가정에서 집안의 가장이 가족들을 긍휼이 여기는 마음이 있다면 그 가정은 사랑이 넘치고 행복한 긍휼의 가정이 될 것입니다. 그러나 그 집의 가장이 악한 마음을 가지고 있다면 그 가정은 분명, 매일매일의 삶이 불행할 것이고 심지어는 파괴가 될 수도 있는 것입니다.

이와 같이 이러한 내용들을 가지고 누가복음 9장 10절에서 17절 말씀을 살펴보기 원하는데 본문 내용의 말씀을 정리해 보면 처음에 여러 무리들이 예수님의 말씀을 사모하여서 예수님이 계신 '벳세다'라는 고을까지 따라와 직접 말씀을 듣고 치유함을 받고 이후 며칠이 흘러 제자들이 예수님을 찾아가 무리들을 돌봐야겠다고 해 예수님께서 이 무리들에 대해 "이들이 집으로 돌아가다가 배고파 쓰러지면 어떻게 하냐"는 긍휼한 마음을 가지게 되고 이 긍휼한 마음을 통해 오늘 본문 말씀의 오병이어의 사건이 이루어졌던 것입니다.

먼저, 우리 12절 말씀에서 "날이 저물어 가매 열두 사도가 나아와 여짜오되, 무리를 보내어 두루 마을과 촌으로 가서 유하며 먹을 것을 얻게 하소서. 우리 있는 여기가 빈들이니이다"
이 모습이 우리의 모습과 비슷하지 않습니까? 그리고 또 12사도의 태도는 오늘날 많은 지도자들의 모습과도 유사해 보입니다. 본문에서 예수님 앞에 많은 사람이 찾아와 하나님 나라의 복음을 들었습니다. 이때 열두 사도는 무엇을 하고 있었을거라 생각하십니까?

저는 이 질문에 대해 열두 사도는 5,000명이 넘는 사람들을 말씀을 듣게 하기 위해서 때로는 줄을 세웠을 것이고, 중간 중간 전달도 하면서 복음 전하는 영적인 사역을 헌신적으로 감당했을 것이라 생각해 보았습니다. 그러나 제자들은 저녁이 되어 하루 종일 굶은 무리들이 배고파할 때 무리들의 배고픔을 직접 보면서도 그들이 직접 그 배고픔을 채워 줘야 한다는 책임감은 전혀 느끼지 못하고 있었습니다. 그리고 그들의 배고픔은 그들의 것이라고 생각하고 그 일은 그들이 알아서 해야 된다고 생각했던 것입니다. 즉 "이제는 우리 할 일 다했으니까", "그 다음 일은 너희 것이다"고 생각한 것입니다.

오늘날 많은 교회가 예배드리고 나서 신앙적인 활동만 하고, 이웃의 아픔과 성도들의 상처, 그리고 자녀들의 깊은 고민까지 "그것은 당신 몫이야", "당신이 해결할 문제야", "네 아들, 네 딸의 문제야"라고 생각하는 모습과 비슷한 것입니다.

그리고 이때 제자들이 예수님께 와서 이렇게 말합니다. "무리를 보내어 먹을 것을 얻게 하소서 여기가 빈들이니이다" 제자들은 돈도 없고 사 먹일 가게도 없었기 때문에 이렇게 말했을 것입니다. 또 그들은 그곳이 처음이고 보낸다고 해도 구할 수 없다는 것을 알고 있었을 것입니다. 그럼에도 불구하고 돌려보내겠다는 것이 "이 일에는 책임이 없다"고 표현하는 것입니다. "나는 이 일에 책임도 없고 책임질 형편도 아니다"라고 생각하는 것입니다.

이때 예수님께서는 이렇게 말씀하십니다. "예수께서 이르시되 너희가 먹을 것을 주어라 하시니" 예수님께서는 제자들에게 "너희가 먹을 것을 주어라"라고 말씀하고 계십니다. 그리고 이 말씀대로 제자들은 무리들에게 먹을 것을 주게 됩니다.

오늘 예수님께서 이렇게 말씀하십니다. "너희가 먹을 것을 주라",

"너희가 치료해라", "가정의 문제, 한국의 모든 문제를 너희가 치료해라" 그러나 제자들은 13절에서 이렇게 말합니다. "할 수 없나이다" 제자들은 현실적으로 계산해 보니까 "안되겠구나"라고 생각했습니다. 그러고는 "못합니다"라고 말합니다.

사랑하는 성도 여러분, 우리 이웃의 모든 아픔과 상처, 그들의 고름 덩어리들을 "너희가 치료해라"라고 말씀하신다면 여러분은 어떠한 마음을 가지시겠습니까? 또한 우리 가정의 가족들이 상담할, 터놓고 이야기할, 그런 상대가 없어서 고민하는데 우리 옆에 있는 내 이웃이 관계의 문제때문에 고민하고 있는데. 우리 교회 목사님, 장로님, 권사님 집사님이 교회를 위해 눈물 흘리며 기도하시는데 "그 고민과 상처 그리고 그 눈물을 너희가 치료하라"고 말씀하신다면 어떠한 마음을 가지시겠습니까?

혹시, 제자들과 똑같은 반응인 "내 코가 석자인데"라고 말하시겠어요? 아니면 "내가 무슨 능력이 있다고 저는 할 수 없습니다"라고 말씀하시겠습니까? 현실적으로, 그리고 상황적으로는 불가능하지만은 "예수님께서 이르시되" 예수님께서 말씀하신 그 말씀에는 큰 능력이 있음을 믿으시기 바랍니다.

똑같은 물을 두 잔 놓고 A라는 물 잔에게는 칭찬을 해주면서 "너는 예쁜 물이다"라고 말을 해주고 B라는 물 잔에게는 "너는 못생기고 좋지 않은 물이야"라고 말하면서 3주 동안 실험을 해보았다고 합니다. 그랬더니 A라는 물의 결정체는 계속 살아 있었고 결정체가 맑

았다고 합니다. 그러나 B라는 물의 결정체는 죽었다고 합니다. 이와 같이 세상의 말도 창조의 능력이 있는데, 하나님의 말씀에는 분명, 능력의 능력이 넘쳐 남을 믿으시기 바랍니다.

어린시절, 학교생활에서 줄서기를 한번 생각해 보았습니다. 아침 조회 시간에 반장과 부반장 심지어 분단장까지 나서서 줄을 세웁니다. 그 와중에서 줄을 잘서는 학생이 있는 반면, 줄은 서지 않고 친구들과 이야기 나누는 학생이 거의 대부분입니다. 이러한 상황 속에서 정리가 되지 않으면 담임선생님과 규율부선생님이 직접 나서서 학생들의 머리를 때리시며 혹은 욕설까지 서슴치 않으시며 줄을 세우셨던 그런 생각을 떠올려볼 수 있었습니다. 여러분 줄서기는 정말 많은 인내가 필요한 것 중에 하나 일 것입니다.

본문에 나오는 무리들은 고등 교육은 커녕 숫자 1에서 10까지 세지 못하는 사람도 있었을 것입니다. 이때 예수님이 말씀하십니다. 14절 같이 읽겠습니다. "이는 남자가 한 오천 명 됨이러라, 제자들에게 이르시되 떼를 지어 한 오십 명씩 앉히라 하시니" 남자만 오천 명이라면 남녀아이들까지 다해서 족히 2만 명은 넘었을 것입니다. 제자들 손에 혹시라도 먹을 것이 있었다면 그나마 앉히기 쉬웠을 것입니다. 그때 무리들 중에 몇은 이렇게 말했을 것입니다.

"내가 왜 앉아야 하는데요?", "먹을 것은 어디 있는데요?", "앉으면 뭐 줄 거예요?" 그러나 제자들은 이렇게 반응합니다. "있어요, 있으니까, 줄 서시고 앉으세요, 지금은 없지만요, 곧 생기니까 기다리세요."

"지금은 없지만요. 곧 생기니까 기다리세요."

이렇게 말하는 것이 힘든 것입니다. "지금은 없지만 곧 생겨요", "지금은 없지만 곧 생겨요" 여러분, 바랄 수 없는 중에 바라는 것이 참된 믿음임을 믿습니다.

드디어 놀라운 일이 일어납니다. 15~16절에 "제자들이 이렇게 하여 다 앉힌 후, 예수께서 떡 다섯 개와 물고기 두 마리를 가지사 하늘을 우러러 축사하시고 떼어 제자들에게 주어 무리 앞에 놓게 하시니" 여러분! 신나시지 않으십니까? 이제 제자들은 떡과 물고기를 가지고 신이 나서 나누어 주게 됩니다.

6년 전 미국에서 버지니아텍 사건으로 알려진 조승희 사건이 있었습니다. 그때 저는 이런 생각을 한 적이 있었습니다. "왜 한국사람이어야 했을까? 우리 대한민국은 교회도 가장 많고 목사님도, 선교사님도 장로님도 권사님도 많은 나라인데 왜 살인의 주인공이 우리 한국 사람이어야 했을까? 일본, 중국, 무슬림 국가도 많은데 왜 하필 우리나라여야 했을까?" 한참을 묵상 중에 마음 속에서 예수님이 말씀해주셨습니다. "한인 사회의 아픔 그리고 너와 같은 청년과 청소년들을 네가 치료해라" 저에게 "한인 사회의 아픔과 청년, 청소년을 네가 치료해라"라고 말씀하시는 것 같았습니다.

바로 기도했습니다. "하나님 저는 유학생이고 영어도 능숙하지 못하고 돈도 없습니다. 제가 어떻게 한인 사회를 치유합니까?"
그러던 중에 이 본문의 말씀을 묵상 할 수 있었습니다. "너희가 먹을 것을 주라", "너희가 먹을 것을 주라" 나 혼자도 먹고 살기 바쁜데, 나도 상처가 많은데 어떻게 이러한 일을 감당할 수 있을까? 정말 많이 기도하고, 말씀을 묵상하면서 그 해답을 찾을 수 있었습니다.

그것은 바로 영적인 책임감이었습니다. 조승희 사건과 같은 그러한 아픔을 같이 아파하고 그 아픔을 내 아픔이라고 생각하며, 내 친구, 내 이웃 내 가족이라고 생각하며 그들을 위해 책임감을 가지고 울며 기도하는 모습을 하나님은 바라셨습니다. 그 다음은요? 오병이어는요? 그것은 분명 하나님의 몫일 것입니다.

여러분, 하나님은 지금 이 시간 열방을 위해 눈물 흘리며 기도 할 수 있는 자를 찾고 계십니다. 열방을 치유하며, 계산하지 않고 타인의 아픔을 내 아픔으로 생각하며 영적인 책임감을 가지고 기도하는 자를 하나님은 찾고 계십니다. 주님의 마음을 품고 여러분의 가정과 직장과 우리 교회와, 지역과 미국과 한국과 전 세계를 위해서 영적인 책임감을 가지고 축복하며 기도하시는 성도가 되시기를 바랍니다.

하나님은 우리에게 축복하는 특권을 주셨습니다. 우리의 삶 속에서 만지는 것과 만나는 모든 부분에 대해 축복해주시길 바랍니다. 길을 가다가 모르는 사람이지만 한번씩 축복해 주시고, 운전을 하다가도 앞차나 뒷차를 향해 축복해 주시는 귀한 복의 근원이 되실 줄 믿습니다.

또 신문을 보다가, TV를 보다가 그 안에서 혼자 아파하고 울고 있는 자가 있다면 다시 한번 하나님이 주시는 축복을 받아 새롭게 일어나게 도와달라고 기도해 주시는 모든 성도님들 되시기를 바랍니다. 이러한 삶이 하나님이 우리에게 주신 긍휼의 마음일 것입니다.

마지막 17절을 보겠습니다. "먹고 다 배불렀더라 그 남은 조각 열두 바구니를 거두니라" 여러분, 다 배불리 먹고 열두 바구니가 남았다고 말하고 계십니다. 누구나 자신을 따뜻하게 안아주면 정말 좋아합니다. 젊은 남자나, 여자나, 어린아이들이나 어르신들이나 모두가 다 따뜻하게 안아줌에 대해 기뻐하고 감사를 합니다.

여러분, 예수님이 우리를 불쌍히 여기지 않으시고 주님의 보혈의 피로 우리를 안아주지 않으셨다면 지금 우리는 이 자리에 앉아 있지 못할 것입니다. 예수님의 보혈의 피로서 그리고 예수님의 긍휼한 마음을 통해서 우리가 이렇게 하루하루를 은혜 가운데 살아갈 수 있는 것입니다.

사랑하는 청년 그리고 성도 여러분, 지금도 으리 주님은 우리에게 그리고 열방을 향해 긍휼을 베푸시기를 바라십니다. 헬라어로 긍휼의 뜻은요, '몸의 내장 또는 창자가 뒤틀리는 듯한 아픔의 사랑'이 긍휼이라고 합니다. 또한 히브리어로 긍휼의 뜻은 어머니의 자궁 즉, 그 속에서 생명이 잉태되는 것을 말하고 있습니다. 즉, 버려진 자나 눈물이 마르지 않은 자를 귀하게 여겨 주시고, 내가 너를 사랑한다고 말씀하고 계십니다.

사랑하는 성도 여러분! "믿는 자에게 능치 못함이 없다"는 말씀이 삶에 실현되기 위해 먼저 남을 불쌍히 여기는 긍휼의 마음을 품고 긍휼의 삶을 살아가야 그 다음 믿음은 주님이 주시는 것입니다. 주님이 우리에게 베푸신 참된 섬김과 긍휼함을 마음에 새기고 세상이 흘리는, 내 이웃이 흘리는, 우리 교회가 흘리는, 내 가족이 흘리는, 그 눈물을 닦아주며 그들이 가진 아주 강한 고름 덩어리들을 짜내줄 수 있는 우리의 모든 성도님들이 되시기 바랍니다. 이후 오병이어의 기적은 주님이 책임져 주실 것입니다.

또한 우리 스스로가 세상을 향해 긍휼을 베풀다가 진정으로 하나님이 주시는 열두 광주리의 긍휼함을 받고 나누어 주는 모든 성도님들 되시기를 주님의 이름으로 축복합니다.

09
넘치는 시대를 사는 우리

온유와 절제니 이같은 것을 금지할 법이 없느니라
갈라디아서 5:23

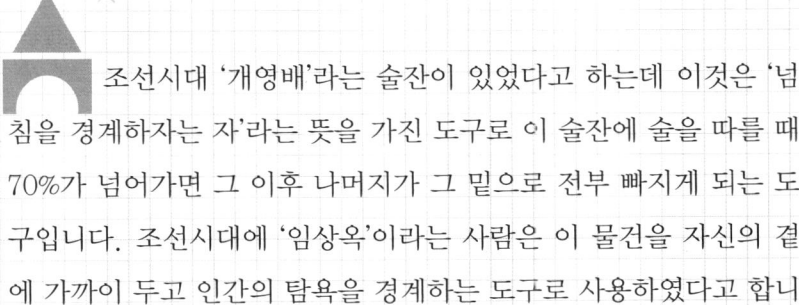

조선시대 '개영배'라는 술잔이 있었다고 하는데 이것은 '넘침을 경계하자는 자'라는 뜻을 가진 도구로 이 술잔에 술을 따를 때 70%가 넘어가면 그 이후 나머지가 그 밑으로 전부 빠지게 되는 도구입니다. 조선시대에 '임상옥'이라는 사람은 이 물건을 자신의 곁에 가까이 두고 인간의 탐욕을 경계하는 도구로 사용하였다고 합니다.

지금 시대는 뭐든지 넘치는 시대입니다. 지난 70년대가 모자람의 시대였다면 지금은 넘침의 시대인데 중요한 것은 뭐든 지나치면 오히려 부족함만 못하다는 것입니다. 그런 뜻에서 이 본문의 말씀을 통해 성령의 마지막 열매인 '절제'를 함께 나누어 보기 원합니다.

왜 절제가 이렇게 힘들까요? 그 이유는 우리 인생에 있어 절제가 불가능한 것은 '죄성' 즉, 불순종의 열매가 있기 때문입니다. 그리고 또 연약한 인생을 사는 우리에게 사단이 공격해서 견뎌내지 못하게 하기 때문입니다.

어느 날 돼지가 인간에게 항의를 했답니다. '사람들이 돼지처럼 먹는다'는 말에 돼지가 너무 억울해합니다. 사실은 많이 먹을 것 같은 돼지는 위장의 70%가 차면 더 이상 먹지 못한다고 합니다. 그러니 돼지 자신은 얼마나 억울하겠습니까?

어떤 면에서는 짐승이 사람보다 잘 하는 게 많습니다. 동물의 왕국을 보면 사자와 초식동물 간에 사자는 허기가 질 때만 초식동물을 잡아먹고 나머지 시간은 초식동물들과 같이 지낸다고 합니다. 다들 사자와 얼룩말이 같이 있는 것 보신 적있지요? 그런데 만약 사자가 인간이 지닌 탐욕과 죄성을 가졌다면 동물의 왕국은 잔혹한 왕국이 되었을 것입니다. 그만큼 짐승은 절제를 잘하는 특성이 있습니다. 그리고 이러한 죄성을 지녀 절제하지 못하는 동물은 인간 밖에 없습니다. 이것이 우리의 죄에 대한 형벌인 것입니다.

지난 4년간 대한민국은 73%의 사람들이 수면장애와 불면증을 앓고 있다는 통계가 나왔습니다. 이 증세는 70세 때에나 나올 만하지만 요즘, 우리의 20~30대가 주인공이 되어버렸고 그들이 고통당하는 이유는 첨단기기의 영향이라는 것입니다. 넘치는 과잉 시대에 우리의 젊은이들이 절제라고 하는 덕목을 소지하지 않아 그것이 죄악이 된 것이라는 이야기입니다.

저는 설교 때마다 아버지 목사님 생각을 많이 합니다. 지금은 원하는 자료를 다 찾을 수 있지만 그 당시는 얼마나 힘드셨을까? 이렇게 풍요로운 세대에 60년대 영성이 나타나지 않는 것은 너무 많이 넘쳐서 이런 증상들이 나오게 되는 것입니다. 그래서 우리가 이 시대 그리고 지금 우리가 꼭 알고 실천해야 하는 덕목이 바로 절제 교육이며 '절제'라고 하는 열매인 것입니다.

사랑하는 청년 여러분! 지금 이 시간 성령님을 절대적으로 의지하시길 바랍니다. 절제는 우리 본능으로 절제할 수 없고 이것은 성령님의 열매요, 선물이라는 것을 믿으시길 주님의 이름으로 축원합니다. 그렇기 때문이라도 이 시간 성령님을 갈망하고 여러분의 몸을 맡기셔서 성령님을 여러분의 집으로 모시고 가시길 바랍니다.

그렇다면 이처럼 절제을 해야 할 세 가지가 있는데 그것이 무엇일까요? 첫째, 감정이 절제되어야 합니다. 잠언 25장 28절 "자기의 마음을 제어하지 아니하는 자는 성읍이 무너지고 성벽이 없는 것과 같으니라" 하나님 제 마음을 다스려 주옵소서 통제되길 원합니다.

둘째, 입술이 통제되어야 합니다. 말이 넘쳐납니다. 말이 홍수입니다. 그럴수록 침묵이 필요합니다.

셋째, 물질적 탐욕이 통제되어야 합니다. 주기도문에 "우리에게 일용할 양식을 주옵시고"라고 고백하는데 이 기도의 의미는 '자족훈련'이라고 하는 자족의 감사의 기도인 것입니다.

즉, 광야에서 굶기지 않고 만나와 메추라기를 주실 때 사람들은 자기의 주머니에 만나와 메추라기를 쌓아두고 "내일 먹어야지?"라고 생각했지만 그 모두가 다 썩었던 것같이 자족하지 않는 인생은 나쁜 짓이라고 모세가 가르친 것입니다. 광야 훈련은 자족, 즉 절제의 훈련인 것입니다. 그리고 절제하는 힘은 광야에서 생활하는 것인데 중요한 것은 이 절제는 우리의 힘과 의지가 아닌 성령님을 의지할 때 나오는 것입니다.

그렇다면 이 절제를 얻을 수 있는 것 세 가지가 있습니다.

첫째, 절제할 수 있는 힘은 하나님의 영력에 거할 때입니다. '절제'라는 헬라어 단어는 '에크라 테이야'이라고 말하는데 그 뜻을 보면 '무엇, 무엇 안으로'는 뜻의 '에이 야'라는 단어와 '가능성'이라는 '크라테'라는 단어가 합쳐져 '에크라 테이야'라고 말합니다. 이것은 '통치자의 영력 안에 있다'는 뜻이며, 구체적으로는 '통치자 되시는 하나님 안에 거할 때 우리는 절제가 가능한 것이라'고 해석할 수 있습니다.

여러분 혹시 싸울 때 녹음해 놓고 싸운 적 있는지 모르는데 한번 심심하면 그렇게 해보시길 바랍니다. 아마도 그 말들 속에는 주옥같은 이야기가 나올 것입니다. 그리고 그 말들은 모두 틀린 말이 아닌 옳은 말들 일 것입니다. 그런데 오늘 우리가 말씀을 적용해 이 부분을 생각해보면 그 말과 행동 안에 '절제'라는 말과 행동이 부족하거나 없다는 것입니다. 우리가 싸움을 할 때 싸움에 상처를 받는 것이 아니라, 태도에 상처받는 것입니다. 그렇기 때문이라도 우리는 절제의 열매를 반드시 맺어야 한다는 것입니다.

대한민국의 정치를 보면 한심하기 그지없습니다. 그리고 대통령 마지막 해에 대통령 측근들이 부끄러운 비리를 저질러 감옥에 들어간다는 것을 초등학생들도 다 알고 있는 공식이 되어버렸습니다. 그런데 중요한 것은 그 측근들이 그렇게 하면 감옥에 가게 되는 것을 몰라서 그런 짓을 했을까요? 아닙니다. 그들은 감옥 간다는 것을 알지만 그들의 말과 행동을 절제하지 못한 것입니다.

불륜도 마찬가지입니다. 혹시 지금 그쪽에 종사하는 분이 있으시다면 속히 돌아오시길 바랍니다. 그러한 행동이 처음에는 행복이라고 믿어지겠지만, 그것은 자신과 가족들 그리고 애인을 멸망시키게 만드는 길인 것입니다. 나쁜 경험들이 생기게 되는 이유는 절제하지 못하고 자신을 통제할 힘이 없는 것이기 때문에 그런 경험이 있게 되는 것입니다.

사랑하는 청년 여러분, 이 시간 절제의 열개를 모두 맺으시길 바랍니다. 저는 누구보다도 돈도 좋아하고 여자도 좋아하고 음주가무를 좋아하는 사람 중에 하나였습니다. 그러나 제가 지금 목사가 되어 하나 변한 것이 있다면 절제를 배운 것입니다. 그리고 그 절제의 힘은 저의 힘이 아닌 성령님의 힘으로 이기고 있는 것입니다. 매일매일 새벽기도를 통해, "주님! 제발 사고치지 않게 도와주십시오. 주님! 제발 부끄러운 자가 되지 않기 바랍니다. 성령님이 힘주시고 저를 통제해 주십시오"라고 기도해야 합니다.

성경에도 절제를 잘한 자와 잘하지 못한 자의 이야기가 소개되고 있는데 절제에 실패한 자는 '사울 왕'입니다. 반대로 절제를 잘해 성공한 자는 바로 '세례 요한'이었습니다. 세례 요한은 사람들이 추앙하고 떠받들고 인기가 급증했습니다. 성경에 나오는 세례 요한에게는 "저분은 메시야시다"라고 추앙해 주고 있는 것입니다.

사랑하는 청년 여러분, 절제가 가능한 자로 삶을 살아가시길 주님의 이름으로 축원합니다. 그리고 세례 요한과 같은 인물이 되시길 바랍니다. 세례 요한은 "내가 아니다" "나는 메시아가 아니고 내 뒤에 오시는 이가 메시아시다"라고 고백합니다. 절제라는 훈련을 통해서 혹시 여러분의 삶에서 일이 잘 안 풀리거나 회사나 직장에서 아픔과 갈등이 있다면 그것이 하나님이 주는 겸손의 훈련이라 생각하시고 여러분의 자아를 절제하게 만들도록 하나님의 눈을 바라보시길 바랍니다. 이것이 하나님의 영력인 것입니다.

둘째 절제의 사람은 훈련받아야 합니다. 경건에 이르는 연습을 해야 한다는 것입니다. 교회의 예배는 감동받으려고 오는 게 아닙니다. 예배는 결단하는 시간입니다. 그리고 그 결단을 통해 훈련받는 것이 중요한 것입니다. 영성과 절제 훈련을 해야 하는 것입니다. 이를 악물고 훈련해야 합니다.

물질적인 훈련도 마찬가지 일것입니다. 처음 돈을 받게 되면 10불이 100불, 100불이 1,000불로 기대가 될 것이고 또 이것이 익숙해져서 절제가 되지 않으면 물질적으로 실수를 해 감옥에 갈 수 있기 때문입니다. 다시 말해 물질의 절제도 훈련이 있어야 한다는 것입니다. 모든 것이 훈련인 것입니다.

세 번째, 목적의식이 필요합니다. 올림픽을 준비하며 훈련하는 선수들이 땀범벅으로 준비하지 않고 어느 누구와 같이 즐기고 놀고 데이트를 한다면 아마도 그 선수는 올림픽 메달과는 아무 상관이 없을 것입니다. 그러나 그들은 그것을 절제하고 이것을 이기면 금메달을 목에 걸 수 있다는 목표의식이 있기에 그들은 땀을 흘릴 수 있는 것입니다.

사랑하는 청년 여러분! 이 말씀을 통해 절제라고 하는 거룩한 도전을 시작하시길 바랍니다. 그리고 나는 예수님께 "철수야 그리고 영희야, 참 잘 하였도다" 칭찬 받는 자로서의 삶을 목적으로 주님을 향해 나아가시길 주님의 이름으로 축원합니다.

10
기적의 주인공

어떤 율법교사가 일어나 예수를 시험하여 이르되 선생님 내가 무엇을 하여야
영생을 얻으리이까 예수께서 이르시되 율법에 무엇이라 기록되었으며 네가 어떻게 읽느냐
대답하여 이르되 네 마음을 다하며 목숨을 다하며 힘을 다하며 뜻을 다하여
주 너의 하나님을 사랑하고 또한 네 이웃을 네 자신 같이 사랑하라 하였나이다
예수께서 이르시되 네 대답이 옳도다 이를 행하라 그러면 살리라 하시니
그 사람이 자기를 옳게 보이려고 예수께 여짜오되 그러면 내 이웃이 누구니이까
누가복음 10: 25~29

언젠가 이천수 목사님이 이런 설교를 하셨습니다. 목사님께서 《크리스챠니티》라는 잡지를 보던 중 그 잡지의 표지에 굵은 타이틀로 "나를 누구라 부르느냐?"라는 글귀가 적혀 있었고 그 소제목으로 "브랜드인가? 생명인가"라는 제목의 타이틀을 보게 되었다고 합니다.

그 잡지의 중심내용은 "예수님은 브랜드가 아니다"라는 내용의 글이었는데 내용은 이러했다고 합니다.

> 세상 문화 속에서 우리도 모르는 사이에 우리는 예수님을 수많은 광고에 등장하는 브랜드로 만들어 버렸다. 광고에 등장하는 브랜드들은 자사제품이 자존감과 성적 매력 그리고 자신감과 쿨함을 준다고 약속하지만 사실 제품에는 아무런 능력도 없다.

> 소비자 중심주의는 약속을 지키는 것을 상실했으며 우리 역시 속으로는 그 제품들의 과실을 알고 있다. 소비자 증심주의 마케팅은 결국 실존하지 않는 것을 주겠다고 하는 약속을 하며 말만 하고 있을 뿐이다. 이런 문화적 배경을 볼 때 그럴듯한 홍보문구를 내세운다 해도 실제로는 아무 능력이 없다.
> 새로운 나이키 운동화를 사고서 운동선수라도 된 양 행동하듯이 소비주의 구원은 잠깐 거룩하다는 느낌을 줄 뿐 내실은 전혀 없다. 다시 말해 그것은 종교 브랜드를 잠시 바꾸었을 뿐이다.

저는 이 목사님의 설교를 듣고 한참을 생각하며 고민에 잡히게 되었습니다.

"브랜드인가? 생명인가?"

우리가 이 땅을 살고 있는 모든 그리스도인에게 매일매일 던져야 할 질문일 것입니다. 브랜드인가? 생명인가? 저는 이 질문 앞에서 오늘날 능력을 잃어버린 현대 그리스도인과 제 자신의 모습이 참 뼈 아프게 느껴졌습니다. 분명히 시작은 예수 그리스도의 십자가였는데 그리고 생명으로 시작한 신앙생활이었는데, 왜 그리고 어떻게 하다가 브랜드만 남아있게 되었는가?

이것이 얼마나 위험한가 하면 사춘기 아이들은 나이키 신발이나 노스페이스와 같은 브랜드를 좋아하고 집착까지 하는데 왜냐하면 그 비싼 브랜드를 신고 입으면 자신이 광고나 영화 속 주인공이 될 수 있다는 착각에 빠지게 되는 것입니다.

영화 속의 주인공이 가진 물건을 가졌다고 그 주인공이 되는 것이 아닙니다. 그리고 오늘날 우리의 신앙생활 또한 '기독교' 브랜드에만 집착을 하고 몰두하고 있다면, 나이키 신발을 신으면 조던이 될거라 착각하는 아이들과 마찬가지라는 것입니다. 생명이 빠져 버린, 그리고 브랜드만 남아있는 것과 같습니다.

사랑하는 청년 여러분! 혹시라도 나의 신앙이, 기독교나 우리 교회이거나 십자가라고 하는 브랜드만 남아있는 신앙생활은 아닌가? 진지하게 묵상하시길 주님의 이름으로 기원합니다.

본문 말씀에는 초라한 종교지도자 한 사람이 등장하게 됩니다. 25절입니다. 율법교사는 예수님 당시에 서기관을 가르치는 또 다른 이름, 말그대로 모세의 율법을 따르고 연구하는 사람들이었습니다. 먼저 이 율법교사의 역할은 눈만 뜨면 율법을 연구하고 묵상하며 율법에 대해 논문을 발표하는 현재 신학교수와 같은 율법의 대가로 표현할 수 있습니다.

그런데 본문에서 이 율법교사가 25절에서 정곡을 찌르는 질문을 하게 되는데 그 질문은 25절에 말씀하고 있는 "내가 무엇을 하여야 영생을 얻을 수 있습니까?"입니다.

그런데 성경은 이 율법사가 어떠한 그리고 무슨 의도로 이 질문을 던지는지 그 의도를 놓치지 않고 성경을 통해 말씀해 주고 있습니다. 그 의도가 무엇이냐 하면 25절에 "예수를 시험하여 이르되"라고 말해주고 있습니다.

먼저 여기서 '시험하다'라는 단어는 '엑페이 라조'라고 쓰이며 그 뜻은 '덫을 설치하다'라는 뜻으로 사용됩니다.

이 '엑페이 라조'라는 단어는 신약성경 누가복음 4장 12절에서 한 번 더 등장하게 되는데 "예수께서 대답하여 이르시되 주 너의 하나님을 시험하지 말라 하였느니라"라고 말씀하신 사단의 시험장에서 사용되고 있습니다. 즉 덫을 놓아서 예수님을 무너지게 하려고 하는 마귀를 향해서 예수님께서 시험하지 말라고 표현하고 있는 것입니다. 그만큼 '엑페이 라조'라는 단어가 무겁고도 거센 표현으로 사용되고 있는데 그 의미가 오늘 본문에서 율법교사가 예수님께 사용하고 있다 라는 것입니다.

그런데 중요한 것은, 율법사라고 하는 특성상 겉으로 보기에 매일 율법을 연구하고 묵상하며 많은 지식을 가지고 있는 인격이 훌륭한 사람처럼 "내가 무엇을 하여야 영생을 얻을 수 있냐?"라고 하는 본질을 꿰뚫는 듯한 고상한 질문을 던지고 있지만 그 질문은 어디까지나 빈껍데기만 있을 뿐이고 그 내면 깊숙한 질문 속에는 라이벌인 예수님을 곤경에 빠뜨리려고 하는 좋지 않은 의도가 담겨져 있다고 하는 것입니다.

사랑하는 청년 여러분! 아무리 겉으로 신사크 매너가 좋고 신앙생활을 잘하는 것처럼 보인다 할지라도 그 모습과 목적에 관한 의도가 악하면 그 행동과 모습도 악하다라는 것을 기억하시기 바랍니다.

이는 겉으로는 아무리 화려한 종교 브랜드를 가지고 있다 할지라도 특별히 제 자신을 예로 들어 저 최윤원 목사가 세상적으로 아무리 유명해지고 칭찬을 받고, 인정받는 우수한 인재로 소문이 난다 할지라도 그 내면에 의도가 악하고 불순하다고 한다면 그것은 종교적인 브랜드를 통해 생명을 가지지 못하게 된다는 말로 설명할 수 있는 것입니다.

그래서 아무리 화려한 종교 브랜드를 가지고 있다 할지라도 우리 내면과 십자가의 생명이 연결되어지지 않는다면 이는 보통 사람들보다 더 역겨워질 수 있고 또 더 추해질 수 있다는 사실을 우리는 인식해야 하며 이것이 항상 제 자신을 두렵게 하고 여러분들에게도 긴장을 만드는 말씀이 아닌가 생각해 볼 수 있었습니다. 그렇다면 우리는 본문 말씀을 가지고 자신 스스로 내가 영적으로 성령 충만한지를 매일매일 점검해야 할 것입니다.

여러분 스스로가 성령 충만한지 그렇지 않은지 어떻게 알 수 있을까요? 다시 말해 껍데기만 가지고 그리고 브랜드만 남아있는 사람의 특징은 어떤 것이 있을 수 있습니까? 그 답이 본문 29절에 설명되어지고 있는데 다른 사람들에게 자기를 옳게 보이려고 즉 29절에서 "예수께 여짜오되"라고 말하고 있는데 이러한 사람들에게는 두 가지 특징이 나타나고 있습니다. 그 첫 번째가 사람들의 시선이 자기에게만 몰두하게 하려는 이는 다른 사람들에게 잘 보이려고 하는 특징이 있습니다.

그리고 두 번째로는 포장을 많이 하는 특징이 있습니다. 그래서 오늘 본문에서 율법학자의 질문은 "그렇게 예수님께 질문해야 사람들이 자기를 좋게 보고 높이 보니까" 그리고 자기 스스로에게 옳게 보이려 하고 있다고 하는 것입니다. 대부분 사람들은 다른 사람의 마음은 잘 모릅니다. 그러나 자기 자신은 잘 압니다.

지금 설교하고 있는 제가 무엇을 중심으로 설교를 하는지, 제가 종교적인 유명한 사람이 되고 싶어서 그리고 제가 대한민국에서 제일 설교 잘하는 목사라고 인정받고 싶어서 이렇게 설교를 하는지, 아니면 하나님의 영광을 위해서 그리고 여러분을 섬기기 위해 설교를 하는지 여러분은 몰라도 저는 알고 있다는 것입니다.

사랑하는 청년, 성도 여러분! 똑같은 이치로 여러분의 지난 한 주간의 삶이 얼마나 영적이었는지 아니면 그 반대였는지 점검할 수 있는 잣대가 있는데 그것은 내가 생명을 붙잡고 있는가 아니면 브랜드를 붙잡고 있는가?라는 부분인 것입니다.

어제 주일 준비를 마치고 집으로 들어가 《그 여자 그 남자》라고 하는 프로그램을 시청하게 되었습니다. 저는 영화나 드라마를 볼 때 꼭 기도하며 영화와 드라마를 시청합니다. 그리고 기도할 때는 꼭 눈을 뜨고 기도를 합니다. 왜냐하면 영화나 드라마를 보아야 하기 때문입니다. 그리고 기도할 때 무슨 기도를 하냐 하면, "주님 제발 저에게 주일 설교에서 은혜 끼칠 수 있는 예화를 주셔서 먼저는 제 스스로가 감동받고 깨닫게 도와주십시오."라고 기도합니다. 많은 사람들이 제가 드라마나 영화만 보는 줄 아는데 절대 아닙니다.

그런데 어제 프로그램에 26살 동갑나기 부부가 등장을 합니다. 내용은 너무나 간단합니다. 19살에 서로 사랑해서 아이를 임신하게 되고, 그 사실을 부모님께 알렸지만 받아 주시지 않아 집을 나와 생활하게 되고, 생활을 하면서 부부의 관계가 나빠져 남편은 매일매일 집을 나가 술을 먹으며 친구들과 놀게 되고, 아내는 집에서 딸과 아들을 돌보며 정말 울음이 나올 것 같은 외로움을 가지고 낮에는 일하고 밤에는 아이들을 혼자 돌보는 가운데 갈등이 빚어져 결국 이혼이라고 하는 문턱에 서게 된 상황입니다.

그 중에 지금 소개할 장면이 있었는데 이들이 어린 나이임에도 불구하고 그 아내는 100% 남편만을 쳐다보며 삽니다. 그러한 아내의 그 모습을 남편은 의부증으로 생각을 하며 힘든 생활을 하게 되는데 결국 남편이 술을 마시고 울며 아내를 심하게 구타하는 장면이 소개되고 있습니다.

그러면서 하는 말과 행동이 "내가 너를 사랑하지 않았으면 그리고 당신이 나를 사랑하지 않았으면 우리는 이 자리에 있을 수 없어 당신이 결혼 전에 나에게 상처 준 그 일, 생각 안나? 난 단 한번도 당신에게 말하지 않았어 어떻게든 그때의 일을, 잊기 위해 노력하고 노력하는데 왜 나를 힘들게 하는거야?" 그러면서 또 절규하며 울고 또 마구 그 아내를 때립니다. "정말 너 나한테 미안하지 않아?"

그렇게 1부가 끝이 났습니다. 저는 그 이후의 내용을 보지 않아 깊은 내용은 상상으로 밖에 생각할 수 없었습니다. 그러나 어제 그 프로그램을 통해 그 아내가 이런 말과 행동을 합니다.

"그래 미안해 미안해"라고 절규하며 자신과 남편을 향해 통곡하며 우는 모습이 있었는데 중요한 것은 그 아내가 절규했던 이유는 바로 "그 모습이 자신의 모습이었다"는 것이었습니다. 다시 말해 자신의 내면을 보는 것 같으니까 남편에게 집착하며 절규했던 것입니다.

오늘 본문에는 네 분류 사람이 나오는데 강도 만난 사람, 강도, 제사장과 레위사람, 도와주는 사마리아인이 등장하게 됩니다. 그런데 이 시간 우리가 진지하게 고민하고 묵상해야 하는 부분은 이 네 분류의 사람이 다 우리 안에 존재하고 있다는 것입니다.

우리는 누군가에게 상처를 주며 강도를 만나 또 누구를 위로하고 또 외면하게 됩니다. 마찬가지로 저와 여러분 모두가 삶에 있어 고민하고 아파하는 부위가 있을 것입니다. 마치 강도 만난 자와 같이 상처를 받아 일어나지 못하고 쓰러지고, 또 예화와 같이 남편이 혹은 아내가 외도함으로 아이들이 영적으로 육적으로 건강하지 못한 문제들 그리고 경제적으로 부족하고 궁핍하여서 그리고 건강 때문에 쓰러지는 강도 만난 자의 모습이 누구에게나 있다는 것입니다.

특별히 제가 어제 그 프로그램을 보고 울게 된 이유는 선한 사마리아인의 모습이 제 속에 있었다는 것입니다. 상처주고 상처받고 경건한 척하고 외식하는 모습으로 폼이나 잡고 그래도 목사로서 위로하고 사랑해주는 모습들 그런데 감사하게도 제가 깨달을 수 있었던 것은 그러한 사람들을 사랑하고 진심으로 섬기면 놀랍게도 내 안의 상처들이 치유된다는 것입니다.

본문 28절에 "네 대답이 옳도다 이를 행하면 그러면 살리라" 여러분 누가 산다고 말씀하십니까? 누가요? 이웃이 아니라 내가 사는 비결이라는 것입니다. 우리는 신앙생활의 초점이 잘못됐습니다. 그 잘못된 부분은 날마다 내 상처만 본다라는 것입니다. 오늘 이 시간 진심으로 고백하시기 바랍니다.

"주님 내 안에 강도 만나 피 흘리는 자아가 있습니다. 괴롭습니다. 이 문제를 해결 받고 싶습니다. 아무리 매달려도 해결이 안됩니다. 주님! 누가 나를 도와줄 수 있습니까? 아무도 안 도와 줍니다."

그런데요, 이 말씀과 같이 "이를 행하라 그리하면 살리라"고 하신 말씀을 붙잡고 오늘 여러분도 힘들지만 그럴지라도 오늘 피 흘리고 강도 만난 그 누군가가 여러분 곁에 있다면 진심으로 그리고 전심으로 그 분들을 위로하며 섬기며 돌보시길 바랍니다. 그것이 나를 우리 자신을 살리는 길임을 믿으시길 주님의 이름으로 축원합니다.

여러분 선한 사마리아인은 섬김으로 많이들 표현하지만 그 섬김에 대해 그리 특별하지 않습니다. 오히려 "위로의 주님"이라고 하는 의미로 해석하는 것이 더 가까운 접근일 수도 있습니다.

여러분은 이 시간 진정으로 치유받길 원하십니까? 그리고 여러분의 울고 있는 자아가 회복되길 원하십니까? 그렇다면 여러분의 이웃에게 그리고 상처 받아 울고 있는 주변 분들을 진심으로 섬겨주시기 바랍니다. 그럴 때 그것이 바로 여러분 모두가 치유 받고 회복되는 길이며 핵심인 것을 믿으시길 바랍니다. 우리는 신앙생활을 자의적으로 그리고 자기 멋대로 해석해서 이기적이고 탐욕적인 신앙생활로 변해가고 있습니다.

　사랑하는 청년 여러분, 성도 여러분! 우리 교회가 그리고 우리 청년부가 혹시라도 영적인 우월감에 빠져 있지는 않습니까? 본문 말씀을 통해 우리는 진심으로 강도 만난 연약한 사람들을 예수님의 마음으로 섬기고 그것이 우리의 영혼을 살리는 길이며 결국 우리의 우월감을 내려놓을 때 우리 자신이 치유되고 회복되며 하나님의 큰 축복의 열매가 맺혀진다는 것을 믿으시고 주님께 진심으로 고백해 나아가시는 여러분 모두가 되시기를 주님의 이름으로 축원합니다. 그리고 오늘 말씀을 통해 우리 안에, 그리고 우리 교회 안에 있는 교만함이 모두 사라지길 주님의 이름으로 다시 한번 축원합니다.

　여러분 결론을 맺겠습니다. 첫 번째, 네가 어떻게 읽느냐? 두 번째 이를 행하라 그리하면 살리라 누가요? 내가 살게 되는 것입니다.

　오늘 주일은 교회적으로 축제입니다. 그런데 이 축제의 의미를 잘 알지 못하는 사람들은 아무런 의미를 가지지 못할 것입니다. 그러나 우리 안에서는 대 화해와 대 용서가 일어나는 날이 되시길 바랍니다. 다시 말해, 여러분에게 상처주고 있는 교수님, 직장상사, 여자 친구, 남자 친구, 남편, 아내 그리고 시어머니, 며느리 모두가 본문에 나오는 강도만난 사람과 같이 지금 이 시간 마음 속으로 피를 흘리고 있을지도 모른다는 것입니다.

그리고 여러분에게 상처주었던 그분 역시 이 시간 정작 내가 강도를 만나 상처받고 피 흘리고 있으니 제발 날 좀 바라봐 달라는 절규의 메시지를 들으시고 눈물로 기도해 주시고 섬겨주시길 바랍니다. 그러기 위해서는 우리 안에 용서라는 하나님의 기적이 일어나야 할 것입니다.

사랑하는 청년, 성도 여러분, 오늘 이 축제를 통해 내가 그리고 여러분이 살게 되는 축복을 마음껏 누리시고 영적 비타민 A~Z까지 하나님의 영적인 비타민을 전부 섭취하시는 귀한 여러분 모두가 되시기를 주님의 이름으로 축원합니다. 축원합니다.

11
함께 하시는 하나님

야곱이 브엘세바에서 떠나 하란으로 향하여 가더니
한 곳에 이르러는 해가 진지라 거기서 유숙하려고 그 곳의 한 돌을 가져다가
 베개로 삼고 거기 누워 자더니 꿈에 본즉 사닥다리가 땅 위에 서 있는데
그 꼭대기가 하늘에 닿았고 또 본즉 하나님의 사자들이 그 위에서 오르락내리락 하고
또 본즉 여호와께서 그 위에 서서 이르시되 나는 여호와니
너의 조부 아브라함의 하나님이요 이삭의 하나님이라 네가 누워 있는 땅을
내가 너와 네 자손에게 주리니
네 자손이 땅의 티끌 같이 되어 네가 서쪽과 동쪽과 북쪽과 남쪽으로 퍼져나갈지며
땅의 모든 족속이 너와 네 자손으로 말미암아 복을 받으리라
내가 너와 함께 있어 네가 어디로 가든지 너를 지키며 너를 이끌어 이 땅으로 돌아오게 할지라
내가 네게 허락한 것을 다 이루기까지 너를 떠나지 아니하리라 하신지라
야곱이 잠이 깨어 이르되 여호와께서 과연 여기 계시거늘 내가 알지 못하였도다
창세기 28:10~16

눈물

　　　　　　　　　최윤원 작

슬픔과 기쁨이 교차하는 작은 샘
그 샘은 사랑의 샘이다.
그 샘에는 아기를 안고 있는 엄마의 눈
아내의 젖은 손을 바라보고 있는 남편의 눈
늙어버린 부모를 바라보는 자식의 눈이 비친다

그 눈 속의 작은 샘에서 물이 흐르고 있다.
이 작은 샘이 나의 마음을 적신다.

눈물과 슬픔에 관한 기억들이 때때로 영원히 기억 될 때도 있지만 때로는 그 기억들이 쉽게 잊혀 질 때가 있는 것이 요즘 우리의 환경입니다. 여러분 컴퓨터 키보드에 'Delete' 키가 있는데 그 단추를 누르면 지정된 모든 것이 지워지게 됩니다.

마찬가지로 자신에게 불리한 기억들과 눈물 그리고 별로 기억하고 싶지 않은 것들을 자동적으로 지워버리는 것이 요즘 우리입니다. 그래서 오늘 말씀을 가지고 "기억의 복구"라는 제목으로 특별히 신앙이라고 하는 우리의 가장 기본적인 부분에서의 복구 작업이 이루어지길 주님의 이름으로 축원합니다.

먼저 말씀을 보면 야곱이라는 주인공이 등장합니다. 그리고 이 주인공이 펼쳐 나갈 사건의 이슈는 험난한 인생 속에서 함께 해주셨던 하나님이 계셨다는 것입니다. 그리고 그 함께 계심을 통해 다시 원상복구라고 하는 은혜의 결론으로 이 에피소드는 마무리되고 있습니다. 그렇다면 야곱은 어떤 성격의 사람이고, 어떤 문제를 가지고 있었으며, 어떠한 방법으로 인생역전이라고 하는 하나님의 회복이 어떻게 일어날 수 있었는지 함께 나누어 보길 원합니다.

첫 번째, 야곱은 뿌리깊은 신앙의 집안에서 모태 신앙으로 자랐습니다. 그리고 야곱은 수단과 방법을 마다하지 않는 술수가 능한 인물이었습니다. 다시 말해 아브라함, 이삭과 같은 장로님 권사님의 신앙적 가문에서 태어났지만 그 조상들과 같은 온전한 믿음이 전수되지 않은 어린 신앙인의 모습이였다는 것입니다.

두 번째, 야곱은 팥죽을 통한 장자권의 획득이라고 하는 문제 때문에 800킬로나 떨어진 외삼촌 라반의 집으로 야반 도주를 하게 되고 이로 인해 자신의 형 에서가 격분해서 야곱을 죽이려고 혈안이 되어 있는 최고조의 불안정한 상태의 문제, 다시 말해 험한 길과 절망적 인생을 살아가게 되는 인생의 문제를 가졌습니다.

그리고 이를 대표할 구절이 창세기 47장 9절에 "나는 참 험악한 인생을 살았습니다"라고 고백하고 있습니다.

'우리 주변의 사람들에게 당신은 무슨 사연을 가지고 있습니까?'라고 물어보면 열이면 아홉은 다 눈물없이 들을 수 없는 각각의 사연들을 가지고 있을 것입니다. 그런데 중요한 것은 특별히 우리가 오늘 느끼고 만지고 깨달아야 하는 부분은 바로 그 사연이 생기게 된 원인을 찾아 그곳을 치유해야 한다는 것입니다.

어제 권사님들이 이런 이야기를 하셨습니다. "남편들이 가정적이면 아내는 더 힘들게 되니 차라리 남편이 집안 일에 대해 가정적이기보다 그냥 아무것도 모르고 돈만 잘 벌어다 주면 좋겠다." 그리고 실제로 그런 남편들이 "함께 살기가 편하다"고 말씀하셨습니다. 마찬가지로 여러분의 모습도 이와 비슷할 것입니다. 먼저 부모님과의 관계 속에서 부모님의 생각에 자식이 철이 없어 보이고, 공부도 못 하는 것처럼 보이고, 신앙생활도 그저 그런 것 같아 그 모든 길을 열어주고자 잔소리를 이어가시고 급기야는 그것에 스트레스가 되어 스트레스성 위염, 장염, 두통을 가진 청년들이 생각보다 많은 걸 우리는 잘 알고 있고 이러한 부모님의 안달복달이 자녀의 인생을 어긋

나게 만들 수도 있다는 것입니다.

또 남자 친구 여자 친구 부부들 간의 관계에 있어서도 이와 마찬가지로 서로 안달복달 하게 되는 관계로 인생을 함께 살아간다면 그 인생은 아마도 '많은 고난이 함께 하는 인생'이 될 수도 있다는 것입니다. 그렇다면 우리가 말씀을 통해 어떤 방법으로 인생역전을 할 수 있는지 함께 나누기 원합니다.

먼저 28장 12절에 사닥다리가 등장하게 됩니다. 여러분 사닥다리는 어디에 쓰이는 도구입니까? 사닥다리는 A에서 B지점까지 지력으로 다을 수 없을 때 쓰이는 도구입니다. 다시 말해, 자력으로 하나님께 나아갈 수 없는 상태에서 사용된 말씀이라는 것입니다.

여러분, 아무리 뛰어난 영적 지도자의 설교를 듣는다고 해도 심령의 감동이 느껴지지 않을 때가 있습니다. 또 집회를 참가하다보면 옆에 앉은 사람이 눈물 흘리며 은혜를 받는 모습을 보고 "나도 한 때는 저랬을 때가 있었지"라고 말합니다. 사랑하는 여러분, 오늘 이 말씀을 통해 평생 동안이 아닌 딱 이번 주만이라도 하루하루 은혜받으셔서 인생의 터닝 포인트가 일어나길 주님의 이름으로 축원합니다.

오늘 등장하는 사닥다리는 신약의 예수 그리스도를 상징하고 있는 것입니다. 나의 힘으로, 나의 의지로, 나의 도덕심으로, 하나님을 만나는 것이 아닌 예수 그리스도의 십자가를 통해서 하나님 앞으로 적발한 심정과 마음으로 하나님을 만나실 때 진정한 회복이 일어남을 믿으시길 바랍니다.

　여러분 좋은 교회는, 성장하는 청년부는 사닥다리를 보여주는 교회입니다. 사람들은 감추어지고 예수 그리스도의 십자가만 드러나는 교회와 청년부가 건강한 교회라는 것입니다. 그러면 본론으로 들어가 오늘의 제목대로 어떻게 함께 하시는 하나님을 찾고 경험할 수 있겠습니까? 먼저 본문 16절에 "야곱이 잠이 깨어 이르되 여호와께서 과연 여기 계시거늘 내가 알지 못하였도다"고 말씀하고 있습니다.
　"여호와께서 여기 계시거늘" 이 말씀을 통해 우리 하나님은 야곱이 태중에 있을 때부터 한번도 떠난 적이 없는 하나님을 만날 수 있습니다. 그리고 무엇보다 이 고백은 다시 시작할 수 있다는 '회복'을 의미하고 있는 것입니다.
　혹시 지금 무슨 일로 마음이 무너진 우리 청년들이 있다면 절망의 순간에 만나주신 하나님의 영적 사닥다리를 지금 이 시간 경험하시길 주님의 이름으로 축원합니다.

　15절 함께 읽겠습니다. 하나도 버릴 말씀이 없는 구절입니다. 그리고 이 메시지는 야곱을 위한 맞춤 메시지입니다. 제가 개척할 때 하나님께서 "너는 네 눈에 보이는 사람이 주변에 많으면 행복하고 네 눈에 보이는 사람이 없으면 불행하냐? 내가 너와 함께 있는데, 내가 너의 곁에 있는데"라고 말씀해 주셨습니다.

사랑하는 성도 여러분, 우리는 때때로 외롭다고 느낄 때가 있습니다. 그러나 그럴 때 하나님을 찾고 하나님과의 교제가 회복되면 그 외로웠던 마음이 없어지는 정도를 넘어서 하나님의 사랑으로 충만해 질 것입니다. 그리고 가슴이 뜨거워지게 되는 것입니다. 마찬가지로 야곱도 자신의 형 에서가 자신을 죽이겠다고 달려드는 상황 속에서 자신과 함께 하시겠다는 하나님의 말씀을 들었을 때 야곱이 느꼈던 감격은 어마어마했을 것입니다.

이 시간 회복을 기대하며 주님께 나아가길 원합니다. 그리고 오늘 이 시간 주님께서 말씀을 통해 다시 '원상복구'라고 하는 회복을 주신다 말씀하셨습니다.

사랑하는 청년 여러분! 여러분이 서 있는 곳이 혹시라도 고독의 장소인 루스라면 눈물의 장소인 벧엘을 이 자리에서 경험하시길 주님의 이름으로 축원합니다. 고난이 하나님을 만나는 통로임을 믿으시길 바랍니다. 이 글은 서울 초등학교 글짓기대회에서 1등을 한 용욱이라는 학생의 글입니다.

사랑하는 예수님 안녕하세요? 저는 구로동에 사는 용욱이예요. 구로초등학교 3학년이고요. 우리는 벌집에 살아요. 벌집이 무엇인지 예수님은 잘 아시지요? 한 울타리에 55가구 사는데요. 1, 2, 3, …… 번호가 써있어요.
우리 집은 32호예요. 화장실은 동네 공중화장실은 쓰는데 아침에는 줄을 길게 서서 차례를 기다려야 해요. 줄을 설 때마다 21호에 사는 순희를 보기가 부끄러워서 못 본 척하거나 참았다가 학교 화장실에 가기도 해요.

우리 식구는 외할머니와 엄마, 여동생 용숙이랑 4식구가 살아요. 우리 방은 할머니 말씀대로 라면박스 만해서 네 식구가 다 같이 잘 수가 없어요. 그래서 엄마는 구로 2동에 있는 술집에서 주무시고 새벽에 오셔요. 할머니는 운이 좋아서 한 달에 두 번 정도 취로사업에 가셔서 일을 하시고 있어요. 아빠는 청송교도소에 계시는데 엄마는 우리보고 죽었다고 말해요. 예수님, 우리는 참 가난해요. 그래서 동회에서 구호양식을 주는데도 도시락 못 싸가는 날이 더 많아요.

엄마는 술을 많이 드셔서 간이 나쁘다는데도 매일 술 취해서 어린애 마냥 엉엉 우시길 잘하고 우리를 보고 "이 애물단지들아! 왜 태어났니… 같이 죽어버리자"라고 하실 때가 많아요.

지난 4월 부활절날 제가 엄마 때문에 회개하면서 운 것 예수님은 보셨죠. 저는 예수님이 제 죄 때문에 돌아가셨다는 말은 정말로 이해 못했거든요. 저는 죄가 없는 사람인 줄만 알았던 거예요. 그런데 그날은 제가 죄인인 것을 알았어요.

저는 친구들이 우리 엄마보고 "술집 작부"라고 하는 말을 듣는 것이 죽기보다 싫었고요. 매일매일 술 먹고 주정하면서 "다 같이 죽자"고 하는 엄마가 얼마나 미웠는지 아시죠?

지난 부활절날 저는 "엄마 미워했던 거 용서해 주세요"라고 예수님께 기도했는데, 예수님께서 십자가에서 피흘리는 모습으로 "용욱아, 내가 너를 용서한다"라고 말씀하시는 것 같아서 저는 그만 와락 울음을 터트리고 말았어요. 그날 교회에서 찐 계란 두 개를 부활절 선물로 주시길래 집에 갖고 와서 외할머니와 엄마에게 드리면서 생전 처음으로 전도를 했어요. 예수님을 믿으면 구원을 받는다고요. 몸이 아파서 누워 계시던 엄마는 화를 내시면서 "흥, 구원만 받아서 사냐" 하시면서 "집주인이 전세금 50만 원에 월세 3만 원을 더 올려달라고 하는데, 예수님이 구원만 말고 50만 원만 주시면 네가 예수를 믿지 말라고 해도 믿겠다." 하시지 않겠어요.

저는 엄마가 예수님을 믿겠다는 말에 신이 나서 기도한 거 아시지요? 학교 갔다가 집에 올 때도 몰래 교회에 들어가서 기도했잖아요. 그런데 마침 어린이날 기념 글짓기대회가 덕수궁에서 있다면서 우리 담임선생님께서 저를 뽑아서 보내 주셨어요.

저는 청송에 계신 아버지와 서초동에서 꽃가게를 하면서 행복하게 살던 때 얘기를 그리워하면서 불행한 지금의 상황을 썼거든요. 청송에 계신 아버지도 어린이날에는 그때를 분명히 그리워하시고 계실 테니 엄마도 술 취하지 말고 희망을 갖고 살아 주면 좋겠다고 썼어요.
예수님, 그날 제가 1등 상을 타고 얼마나 기뻐했는지 아시지요? 그날 엄마는 너무 몸이 아파서 술도 못 드시고 울지도 못하셨어요.

그런데 그날 저녁에 뜻밖에 손님이 찾아오셨어요. 글짓기의 심사위원장을 맡으신 할아버지 동화작가 선생님이 물어물어 저희 집에 찾아오신 거예요. 대접할 게 하나도 없다고 할머니는 급히 동네 구멍

가게에 가셔서 사이다 한 병을 사 오셨어요.

할아버지는 엄마에게 "똑똑한 아들을 두었으니 힘을 내라"고 위로해 주셨어요. 엄마는 눈물만 줄줄 흘리면서 엄마가 일하는 술집에 내려가 계시면 약주라도 한 잔 대접하겠다고 하니까 그 할아버지는 자신이 지으신 동화책 다섯 권을 놓고 돌아가셨어요.

저는 밤늦게까지 할아버지께서 지으신 동화책을 읽다가 깜짝 놀랐어요. 그것은 다름이 아니라 책갈피에서 흰 봉투 하나가 떨어지는 것이 아니겠어요. 펴보니 생전 처음 보는 수표가 아니겠어요.

엄마에게 보여드렸더니 엄마도 깜짝 놀라시며

"세상에 이럴 수가… 이렇게 고마운 분이 계시다니" 말씀하시다가 눈물을 흘리셨어요.

저는 마음속으로 "할아버지께서 오셨지만 사실은 예수님께서 주신 거예요"라고 말하는데, 엄마도 그런 내 마음을 아셨는지 "애 용욱아, 예수님이 구원만 주신 것이 아니라 50만 원도 주셨구나"라고 울면서 말씀하시는 거예요. 할머니도 우시고 저도 감사의 눈물이 나왔어요. 동생 용숙이도 괜히 따라 울면서 "오빠, 그럼 우리 안 쫓겨나고 여기서 계속 사는 거야?"라고 말했어요.

너무도 신기한 일이 주일날 또 벌어졌어요. 엄마가 주일날 교회에 가겠다고 화장을 엷게 하시는 것이었어요. 예배에 가신 엄마는 얼마나 우셨는지 두 눈이 솔방울 만해 가지고 집에 오셨더라고요.

12
음부의 권세가 이기지 못하리라

또 내가 네게 이르노니 너는 베드로라 내가 이 반석 위에 내 교회를 세우리니
음부의 권세가 이기지 못하리라
마태복음 16:18

 오늘 설교의 주제는 'Power'입니다. 우리말로는 '능력'입니다. 여러분, 제가 여러분을 이 시간 축복하길 원하는데 축복 할 때 "아멘"하시면 큰 복이 임할 줄 믿습니다. "행복하십시오. 성령충만하십시오. 그리고 하나님의 능력이 여러분 모두에게 임하시기를 예수 그리스도의 이름으로 축원합니다. 아멘."

여러분 오늘 저녁 '교복파티'재미있었나요? 특별히 오늘 저녁 맛있게 드셨습니까? 물론 못 드신 분도 계시지만 혹시 저녁 반찬을 기억하십니까? 콘… 이 있었습니다. 그리고 마지막으로 그럼 오늘 저녁의 메인 디쉬가 무엇이었습니까?

맞습니다. '스테이크'였습니다. 그것도 쇠고기로 만든 '스테이크'였습니다.

제가 2년 전에 이 스테이크로 학생들을 섬길 때 그 스테이크가 잘 익지도 않고 2, 3조각으로 잘라져 스테이크의 형태를 만들지 못하고 부서진 스테이크 조각을 그냥 학생들에게 준 적이 있었는데 그때 저는 그 스테이크가 소시지인 줄 알았습니다.

그때 어떤 학생이 이런 말을 해준 적이 있었습니다. "목사님! 오늘 이 음식이 저희에게 참 좋은 음식이었습니다. 특별히 쇠고기로 준비해 주신 목사님께 감사드립니다."라고 말하며 모두가 박수로 격려를 해준 적이 있었습니다.

그러면서 느낀 것이 있는데 그건 바로 쇠고기는 어떻게 변하던 간에 쇠고기구나. 그리고 쇠고기는 부서져도 쇠고기구나. 사랑하는 여러분, 만약에 쇠고기가 전부 부서져서 나왔다고 하더라고 그건 쇠고기입니다. 모양이 깨지고 이글어지고 부서져도 쇠고기는 쇠고기입니다. 어떻게 알 수 있냐면? DNA를 통해서도 알 수 있습니다.

그렇다면 여기 만원짜리 지폐가 있습니다. 이거 주면 여러분은 분명히 받을 것입니다. 그런데 만약에 잔뜩 구겨서 주면 받겠습니까? 왜 받습니까? 돈이니까요. 돈도 마찬가지로 구겨져도 돈은 돈입니다. 혹시 오늘 생일 맞은 분이 계세요? 박수 한번 치겠습니다. "잘 살지어다. 승리가 있을 지어다. 아멘." 여러분 돈은 구겨져도 돈입니다. 왜냐하면 만원의 가치가 남아 있기 때문입니다.

마찬가지로 교회가 조금 인원이 줄고, 기도가 줄어드는 문제가 있다 하더라고 교회는 교회인 것입니다. 나아가 여러분 자신의 머리와 옷 스타일이 구겨지거나 학교에서 시험이나 성적이 떨어지더라도 여러분은 하나님의 자녀인 것입니다. 다시 말해 여러분 모두는 하나님의 자녀이고 그 가치는 변하지 않는다는 것입니다.

그렇다면 여러분, 본문 말씀은 교회의 기초에 대해 말씀해 주고 있습니다. 본문 18절에 "내가 반석 위에 그리고 이 땅 가운데 내 교회를 세우리니 음부의 권세가 이기지 못하리라"고 말씀하십니다. 다시 말해 여러분이 속해 있는 이 땅 가운데 주님이 교회를 세울 텐데 그 교회에 음부와 지옥의 권세 즉 낙심과 절망의 권세가 여러분을 이기지 못한다고 말씀해 주시는 것입니다.

오늘 이 집회의 주인공은 바로 여러분입니다. 그리고 우리의 아버지는 예수 그리스도이시며 그런 우리 모두가 교회가 되어야 한다는 것입니다. 즉 교회는 건물이 아니라 예수님을 믿는 각각이 모두 교회인 것입니다.

여러분 미국에 '뉴송처치'라는 교회가 있는데 그 교회가 특별한 것은 나이트클럽을 개조해서 교회를 만들고 그곳에서 드려지는 찬양과 예배가 모두 미국 주류사회에서 유명 전문가로 활동 중인 전문가들이 찬양을 인도하고 편곡하여 예배를 드리는 교회가 있는가 하면 또 한 교회는 미국 할리우드 한복판에 있는 극장을 빌려서 주일에만 예배를 드리는 교회도 있고 또 다른 교회는 정말 특이한 교회인데 주중에는 나이트클럽이지만 주말만은 교회로 바꾸어 사용되는 교회가 있습니다.

그 교회가 욕도 많이 먹은 교회이긴 한데 그 발상이 너무나 특이합니다. 다들 나이트클럽에 가보셔서 아시겠지만 무대나 조명이 굉장히 화려합니다. 그리고 무대 뒤편으로 있는 비밀의 방 같은 룸들이 있는데 그 교회는 그곳의 무대와 화려한 조명을 예배에 활용했고 뒤쪽에 있는 은밀한 룸을 각 셀 모임의 성경공부방으로 바꾼 것입니다.

처음에는 다들 미친 교회라고 손가락질을 받았지만 시간이 지날수록 나이트클럽의 분위기를 좋아하는 사람들이 모이게 되어 결국 적지 않은 사람들이 그곳에서 주님을 만났다는 얘기를 들은 적이 있었습니다. 여러분 중요한 것은 이 모든 교회들이 예수 그리스도의 이름으로 모였다는 것입니다.

사랑하는 여러분, 오늘 이 시간 성령님이 여러분 모두를 교회로 만드실 줄 믿습니다. 그리고 여러분 모두를 능력 있는 그리고 사단이 깰 수 없는 그런 능력의 성도와 교회로 만들어 주실 것입니다. 그러기 위해 우리는 예수 그리스도를 마음껏 찬양해야 할 것입니다.

우리는 예수 그리스도의 이름을 부르며 "주는 그리스도시요 살아계신 하나님의 아들이십니다"라는 고백 위에 우리의 신앙과 교회를 세워야하며 그럴 때 우리 주님이 여러분의 그 고백 위에 능력을 더해 주실 것입니다.

말씀을 통해서도 보았듯이 음부의 권세가 이기지 못하는 교회를 세우신다고 말씀하셨습니다. 기억해야 할 것은 바로 여러분이 부모님께 어떠한 큰 잘못을 했다 할지라도 그리고 친구의 돈을 뺏고, 컨닝을 하고, 친구를 때리고, 상처를 주는 행동을 했다 할지라도 그 고백 하나로 여러분은 하나님의 자녀가 될 수 있습니다.

사랑하는 여러분, 이 고백을 믿음으로 드리시고 그 고백을 어느 누구에게도 빼앗기지 말고 살아가시길 주님의 이름으로 축원합니다.

그러기 위해 여러분의 예배가 살아나야 합니다. 말씀이 살아나야 하고 기도가 살아나야 하고 찬양이 살아나야 하며 무엇보다 '예수 그리스도는 그리스도시오 하나님의 어린양이십니다'고 하는 그 진실한 고백이 살아나야 할 줄 믿습니다.

그러기 위해 가장 중요한 것이 '친근감'이라고 하는 것입니다. 여러분! 예수님이 이 땅에 오실 때 눈도 둘, 다리도 둘, 귀도 둘을 달고 오셨습니다. 왜일까요? 사람들이 이상하게 생각하지 않게 하기 위해서 그리고 세상을 살릴 능력을 가지려면 친근하게 다가가야 하기 때문입니다.

미국에 월로클릭교회를 방문한 적이 있었습니다. 그런데 놀랍게도 평소에 정말 듣지도 보지도 못한 음악을 CCM음악으로 편곡해서 기가 막히게 찬양하며 함께 은혜를 받은 경험이 있었는데 저는 그 경험을 하면서 만약 우리 청소년과 청년들 그리고 성도님들이 트로트를 좋아한다면 찬양을 트로트로 편곡해서 '예수님… 예수님… 꼭 믿으세요. 안 믿다가는 멸망당해요.' 아멘??

또, 티아라의 러비더비(편곡해서) '러비더비더비 어어어어 러비더비더비 어어어어 예수님 사랑해요. 이제 러비더비더비 어어어어 러비더비더비 어어엉 예수님 어디에에'?? 하하하, 어떻습니까?

중요한 것은 세상 사람들을 능가하는 실력을 가지는 것이 진정한 능력인 것입니다. 우리 주님을 전할 때 절대 예수님을 팔아서는 안 됩니다. 그러나 중요한 것은 이 시대의 문화적인 요소들을 마음껏 활용해서 여러분의 친구들과 예수님을 믿지 않는 사람들에게 복음을 전해야 한다는 것입니다.

그런 의미에서 질문하나 합니다. 여러분! 전 세계를 통틀어 어떤 브랜드가 브랜드 파워 1위인지 아십니까? 바로 '코카콜라'입니다. 여러분 코카콜라의 병의 모양이 지금까지 변했을까요, 변하지 않았을까요? 변했습니다. 그리고 지속적으로 계속 변했어요. 어떻게요? 세상 사람들의 취향에 맞춰서 변했습니다. 늦게도 빠르게도 아닌 사람들의 취향에 맞추어 변해왔습니다. 그 사장은 자신의 회사가 인지도 1위를 한 이유는 '사람들의 변하는 속도에 맞추어 자신들을 변화시켰을 뿐이다'라고 말했습니다. 여러분 우리 교회도 그리고 우리 지역사회도 나아가 우리 한국의 교회들이 모든 나라의 교회 중에 브랜드 파워 1위가 되기를 주님의 이름으로 축원합니다.

또한 여러분 모두의 이름이 우리나라에서 아니 전 세계적으로 브랜드 파워 1위가 되기를 주님의 이름으로 축원합니다.

여러분, 저는 사랑의 표현을 감자로 잘 설명을 하는데 만약 여러분에게 생감자를 가져와서 강제로 먹으라고 하면 먹겠어요?, 안먹어요? 혹이라도 절규하면서 "제발 먹어주세요. 저의 마지막 소원입니다. 제발 감자를 먹어주세요"라고 울면서 말하면 억지로 먹을지도 모르지요.

그러나 이와 반대로 그 감자를 푹 삶아서, 잘게 썰고, 먹기 좋게 만들어, 우유와 설탕을 넣고 예쁜 그릇에 감자를 얹어서 소녀시대나 2PM의 얼굴 모양으로 감자의 모양을 만들어 초콜렛과 아이스크림을 위에 얹어 가져다주면 그 다음에는 "감자 좀 더 주세요"라고 먼저 말할 것입니다.

이렇듯 사랑은 잘 조리해서 먹을 수 있게끔 해주는 것이 진정한 사랑인 것입니다. 그냥 말로써 그리고 문자로 "사랑해 보고싶어"로 끝나는 게 아니라 모든 것을 처음부터 끝가지 만들어 전부를 주는 것이 진정한 사랑입니다.

그런 의미에서 오늘 이 시간 특별히 우리 주님이 그 사랑을 여러분 모두에게 주시기 원하시는데 그 사랑을 마음껏 받아 가시는 여러분이 되시기를 주님의 이름으로 축원합니다.

저는 어제 이렇게 기도했습니다.

"하나님, 저같은 똥개도 변화를 시켜주셨듯이 오늘 우리 학생들도 변화시켜주십시오. 또 싸가지 없고 하나님을 모르며 핍박했던 저를 목사로 변화시켜주셨듯이 오늘 이 밤 우리 학생들이 하나님에 대한 싸가지를 가지게 해주시고 하나님을 알게 해 주십시오. 그리고 우리가 잘못한 죄를 용서하게 주님 도와주십시오. 특별히 이번 수련회와 집회를 통해 도전받게 하셔서 집으로 학교로 돌아갔을 때 '나 이제부터 컨닝 안한다', '나 이제부터 너 때리지 않는다', '나 이제부터 니돈 뺏지 않는다', '나 이제부터 엄마 힘들게 하지 않는다', '나 이제부터 예수님 믿는다'라고 고백할 수 있는 그런 오늘 이 밤이 되길 주님 도와주십시오. 그리고 혹시라도 부모님께 그리고 선생님께 부끄러워서 '사랑한다' 말하지 못하는 우리 학생들 있다면 이 시간 이후로 '엄마, 사랑해요. 아빠, 사랑해요. 선생님 사랑해요'라고 고백할 수 있는 학생들로 변화시켜 주시옵소서"라고 기도를 드리고 이 자리에 올라왔습니다.

그랬더니 어제 밤에 성령님이 우리 학생들에게 동일한 은혜를 부어주셨습니다.

여러분, 오늘도 마찬가지로 저는 이런 기도를 주님께 올려 드리고 이 자리에 섰습니다.

"주님 오늘은 우리 학생들이 그리고 이 자리에 모인 모든 청소년들 중에 아브라함 링컨을 능가하는 하나님의 대통령이 나오길 원합니다. MBC, KBS, CNN의 방송국 사장과 같이 하나님의 방송국 사장님이 나오길 원합니다. 이현세를 능가하는 훌륭한 하나님의 만화가가 나오길 원합니다. 유명하다고 하는 연출가를 능가하는 훌륭한 하나님의 드라마 PD가 나오길 원합니다. 헨리 나우웬을 능가하는 하나님의 소설가가 나오길 원합니다. 그리고 빌 게이츠나 안철수를 능가하는 하나님의 게임 프로그래머가 나오길 원합니다. 조수미와 루치아노를 능가하는 하나님의 성악가가 나오길 원합니다. 소녀시대나 티아라를 능가하는 하나님의 연예인이 나오길 원합니다. 이승기를 능가하는 하나님의 연기자 방송인이 나오길 원합니다."

(여러분 이런 사람이 되기 위해서는 성령을 받아야 합니다. 예배가 회복되어야 합니다. 여러분의 죄를 모두 고백해야 합니다.)

저는 매일매일 이런 꿈을 꿉니다. 어느 누군가가 아프리카 선교지에 관한 게임을 만들어서 그 게임을 하는 모든 사람들이 게임하며 은혜 받고, 눈물 흘리고 선교지를 위해 긍휼의 마음을 가지게 만드는 그런 프로그램이 만들어지기를, 또 지금 한류를 이끄는 연예인들이 동남아나 유럽 미국전역을 돌며 '예수님을 믿으며 구원받는다'라고 선포하고 다니는 그런 꿈…. 무슨 말이냐면요, 공부는 물론이고 여러분이 속한 모든 분야에서 교회를 다니지 않고 하나님을 믿지 않는 그 어떤 친구들보다도 여러분이 더 큰 실력자가 되어야 한다는 것입니다.

여러분! 즐거움과 재미와 기쁨은 사단이 주는 것이 아니라 바로 우리 주님께서 주신 것인데 그곳에 사단이라는 놈이 거짓의 주사를 놓고 달아났습니다. 우리 주님이 여러분에게 그리고 여러분의 교회에게 세상을 이길 수 있는 능력과 우리의 가정과 교회를 살릴 수 있는 하나님의 능력을 주셨는데 바로 그 능력은 성령을 통한 친근감이라고 하는 곳에서 나온다는 것입니다.

여러분, 만약에 우리 교회선생님이나 제가, 지금 이 시간에 목적 없이 돌아다니며 노래하고, 춤을 춘다면 그것은 미친짓입니다. 그러나 목적을 가지고 특별히 영혼을 살리고자 하는 목적을 가지고 춤을 추며 노래를 하며 외치는 사람은 바로 하나님의 능력있는 자녀인 것입니다.

사랑하는 여러분, 여러분의 가정을 살리기 원하십니까? 아니면 교회를 살리기 원하십니까? 아니면 여러분 자신을 살리기 원하십니까? 그렇다면 하나님의 영광을 위해 능력자로 변화 시켜주시고 예배를 회복시켜 달라고 절규하시기 바랍니다. 그럴 때 주님은 여러분 모두에게 은혜를 베풀어 그 큰 능력을 주실 것입니다.

특별히 '요즘 하나님은 없다. 그리고 기적도 능력도 없다'라고 말하는 사람들이 많아지고 있습니다. 또 하나님이 계시다는 것을 알면서도 '그게 나와 무슨 상관이야'라고 말하는 사람도 적지 않습니다.

사랑하는 여러분! 여러분이 이런 분들에게 하나님의 기적을, 그리고 주님이 주신 능력과 실력으로 주는 그리스도시요 살아계신 하나님의 아들이심을 증명해 주시길 주님의 이름으로 축원합니다.

그러기 위해서는 여러분이 꼭 해야 할 일이 있는데 첫 번째, 코피 터지게 기도해서 참된 예배자가 되는 것입니다. 그리고 두 번째, 코피 터지게 공부해서 실력자가 되는 것입니다. 그럴 때 하나님이 여러분에게 공부 잘 할 수 있는 능력과 글 잘 쓰는 능력, 그리고 인기가 많아지는 능력과 돈을 잘 버는 능력, 효도할 수 있는 능력을 선물로 주실 것이고 무엇보다 세상을 이끌고 갈 수 있는 권력과 능력을 여러분 모두에게 부어 주실 것입니다. 할렐루야! 우리 주님께 영광의 박수 올려드립니다. 말씀을 정리합니다.

여러분! 모든 것이 성령으로 가능한 줄 믿으시기 바랍니다. 그리고 성령의 능력으로 진정한 실력자가 되어 모든 하나님의 말씀을 성령의 능력을 통해 여러분의 은사인 예술, 문학, 글, 과학으로 명쾌하게 복음을 증명해 줄 수 있는 진정한 하나님의 실력자들이 되시기를 주님의 이름으로 축원합니다. 그리고 마지막으로 강력한 교회, 하나님이 세우신 십대들의 교회가 이 땅에 가득 세워지길 주님의 이름으로 축원합니다.

제4부

청년목회 강단설교 2

01 이웃과 하나님 사랑을 나누는 교회 | 02 성령이 뜨겁게 역사하는 교회 | 03 은혜가 충만한 교회 | 04 새롭게 되는 교회 | 05 다윗의 기도 | 06 합심으로 기도를 합시다 | 07 응답받는 기도 | 08 기도의 열매 | 09 민족이 바로 사는 길 | 10 믿음의 이력서 | 11 믿음의 단계 | 12 모본이 된 신앙 | 13 위기에 몰렸을 때 | 14 고통을 통해 주시는 은혜 | 15 변화의 능력자 예수님 | 16 주일의 축복 | 17 교사의 바른 자세 | 18 요셉 가정의 축복 | 19 하나님이 귀히 여기시는 사람 | 20 돌아가야 할 그 집 | 21 구멍 뚫린 예루살렘 성벽 | 22 어떻게 위기를 극복할 것인가?

01

이웃과 하나님 사랑을 나누는 교회

> 예수께서 이르시되 네 마음을 다하고 목숨을 다하고 뜻을 다하여
> 주 너의 하나님을 사랑하라 하셨으니 이것이 크고 첫째 되는 계명이요
> 둘째도 그와 같으니 네 이웃을 네 자신 같이 사랑하라 하셨으니
> **마태복음 22:37-39**

지난 한 해는 다사다난 했던 한 해. 그래서 너무 지루하고 안타까운 날들이 많았다고 생각합니다. 그러나 다시 생각해 보면 그런 질곡 속에서 우리는 참으로 많은 지혜를 얻었고 절망의 끝자락에서 시들지 않는 소망을 건져 냈습니다.

우리는 지난 한 해 동안 생명의 소중함을 다시 깨닫게 되었습니다. 사회의 모든 정황을 통해 생명존엄의 교훈을 얻었습니다. 또한 나만 있고 우리는 없는 공동체 부재의 문화에서 더불어 살아야 하는 바른 가치관을 보게 되었습니다. 평화는 무력이 아닌 사랑의 실천으로 얻어진다는 진리도 깨닫게 되었습니다.

이제 한 해가 시작되는 첫 주일 우리 교회 청년들의 신앙생활의 지표를 "이웃을 섬기고 하나님의 사랑을 나누는 교회로" 세웠습니다.

● 이웃을 섬기는 청년이 됩시다(39)

전쟁이나 기근이 심했던 옛날이나 물자가 풍부하고 국민의 소득이 높아져 풍요를 구가하는 이 시대에도 여전히 섬겨야 할 이웃이 많이 있습니다. 사해 바다는 받기만 하는 바다입니다. 사해와 같은 인생을 사는 청년 즉 섬기지 않는 젊음은 영적생명과 능력이 말라 버립니다. 그러나 갈릴리 바다처럼 받는 것만큼, 아니 그 이상으로 주는 성도. 섬기는 교회는 축복의 샘이 될 것이며 하나님을 기쁘시게 하는 인생을 살 것입니다.

예수님은 "오른 손이 하는 것을 왼손이 모르게 하여 네 구제함이 은밀하게 하라"고 했습니다. 여기에 세 가지 뜻이 있는데

첫째, 구제는 주저하지 말고 미루지 말고 시급히 해야 하되 오른손이 하는 일을 왼 손에게 알려줄 시간의 여유도 없이 속히 시행해야 합니다.

둘째, '받을 생각을 하지 말고 하라'는 뜻이 있습니다. 되돌려 받을 생각을 하는 구제는 구제가 아닙니다. 그것은 이기적 선이며 외식이며 장사입니다. 이런 자세로 구제하는 사람은 받을 상급이 없습니다.

셋째, '은밀히 하라'는 뜻이 있습니다. 오른손이 하는 일을 왼손이 모를 정도로 은밀히 시행하라는 말씀입니다. 나팔을 부는 구제는 자기 자랑이며 교만인 것입니다.

잠언 21장 13절에 "귀를 막아 가난한 자의 부르짖는 소리를 듣지 아니하면 자기의 부르짖을 때에도 들을 자가 없으리라"는 말씀이 있

습니다. 또 잠언 11장 25절에는 "구제를 좋아하는 자는 풍성하여질 것이요, 남을 윤택케 하는 자는 윤택하여지리라"고 했습니다. 구제함으로써 서로의 부족함을 채워주는 아름다운 결과를 가져옵니다.

● 하나님을 뜨겁게 사랑합시다(37-38)

예수님께서 말씀하신바 "네 마음을 다하고 목숨을 다하고 뜻을 다하여 주 너의 하나님을 사랑하라"(37절)는 말씀은 하나님의 백성에게 있어 가장 우선되고 가장 핵심 되는 도리는 바로 하나님을 뜨겁게 사랑하라는 것입니다.

하나님을 사랑하되 목숨과 뜻을 다하여 사랑하는 것입니다. 다시 말하면 자신의 모든 의지와 정서와 심지어 생명까지도 다 바쳐 전폭적으로 전심전력을 다하여 하나님을 사랑하라는 것입니다.

사실 우리 인생은 하나님을 사랑하고 흠모하며 하나님께 영광 돌리기 위해 만들어진 존재입니다. 하나님을 뜨겁게 사랑해야 할 이유는 하나님께서 억만 죄악에 신음하고 있던 우리를 구속하시기 위해 당신의 하나밖에 없는 독생자 예수를 십자가 대속 제물로 내어 주시는 그 큰 사랑으로 인해(요 3:16) 우리가 참사랑의 진실한 뜻을 깨달을 수 있었고 그리하여 우리가 감히 하나님을 사랑할 수 있게 된 것이기 때문입니다.

하나님을 뜨겁게 사랑하는 방법은 첫째, 주일 성수를 잘 해야합니다. 하나님과의 거룩한 만남 사랑의 만남의 길입니다. 둘째, 십일조 헌금을 드리는 것입니다. 이는 천국백성의 의무요 감사요 은혜의 보람입니다. 셋째, 맡은 직분에 충성하는 것입니다. 금년에도 내게 주신 은사대로 맡겨주신 직분에 따라 충성해야 합니다. 그럼으로서 하나님의 일을 이루어가고 주의 몸 된 교회에 위임하신 주의 사역을 잘 감당할 수 있게 됩니다.

● 이웃을 내 몸같이 사랑합시다(39)

예수님께서 말씀하신바 "네 이웃을 네 몸과 같이 사랑하라"는 내용은 대인적 관계를 원만히 하라는 말씀입니다.

예수님께서 말씀하신바 하나님 사랑과 이웃 사랑은 상호 유기적인 관계를 가지고 있습니다. 하나님 사랑과 이웃 사랑은 동전의 양면과도 같이 본질적으로 하나입니다.

이웃을 사랑함은 무엇보다 하나님을 사랑하는 것에서부터 비롯되어야 하고 하나님을 사랑하는 일은 이웃을 사랑함으로써 비로소 결실을 맺을 수 있습니다.

그런 점에서 하나님께서 깊은 애정을 가지고 돌보시는 이웃을 무시하며 홀대하는 자는 진정한 의미에서 하나님을 사랑할 수 없습니다. 그리고 하나님을 진실한 마음으로 섬기며 사랑하는 자는 어려운 처지에 있는 이웃에게 너무도 자연스런 몸짓으로 도움과 사랑을 베풀게 됩니다.

예수께서는 바로 이런 사실들에 근거하여 "너희가 여기 내 형제 중 지극히 작은 자 하나에게 한 것이 곧 내게 한 것이니라"(25:40)고 말씀하셨습니다. 이런 진실하고 따뜻한 사랑을 나누는 청년들이 됩시다.

02
성령이 뜨겁게 역사하는 교회

오순절 날이 이미 이르매 그들이 다같이 한 곳에 모였더니 홀연히 하늘로부터 급하고
강한 바람 같은 소리가 있어 그들이 앉은 온 집에 가득하며
마치 불의 혀처럼 갈라지는 것들이 그들에게 보여
각 사람 위에 하나씩 임하여 있더니 그들이 다 성령의 충만함을 받고
성령이 말하게 하심을 따라 다른 언어들로 말하기를 시작하니라
사도행전 2:1-4

교회라는 말은 하나님이 세상에서 불러낸다는 뜻입니다. 세상의 수많은 삶들 중에서 천에 하나 만에 하나 불러내어 나를 예수 믿고 구원받게 한 하나의 신자. 그리스도의 공동체를 이룬 것이 바로 교회입니다.

우리나라의 유명한 애국자이며 민족주의자인 김구 선생님은 '교회 하나가 경찰서 10개 보다 낫다'라고 말했습니다. 또한 교회 중의 교회는 성령으로 뜨거워진 교회를 말하는 것입니다.

성령이 뜨겁게 역사하는 교회는 구원받은 성도들에게 성령의 역사가 나타나는 교회입니다. 성령이 뜨겁게 역사하는 교회의 모습은 다음과 같습니다.

● 매사에 힘쓰는 교회가 됩니다

"오순절 날이 이미 이르매 저희가 다 같이 한곳에 모였더니"

모이기를 힘쓰고, 찬송하기를 힘쓰며 기도하기를 힘써야 합니다. 자원 충성하기를 힘써야 하며 기도하기를 힘써야 합니다.

성도의 특징은 씨를 뿌리는 것과 같습니다. 많은 사람이 교회부흥을 원하면서도 전도하지 않는데 이는 잘못된 생각입니다. 씨를 뿌리지 않는 사람이 어떻게 가을에 곡식을 거둘 수 있겠습니까. 또 전도는 장사해서 이익을 남기는 것과 같습니다.

달란트 받고 갑절을 남겨 주인에게 칭찬받은 종처럼 우리가 직분 맡았으면 예수의 복음을 전하는 씨를 뿌려야 되고 장사해서 이익을 남겨야 하는 것입니다.

또 전도는 자녀를 낳아 잘 양육하는 것과 같습니다. 부모로서의 가장 큰 성공은 자녀를 성공, 출세시키는 것입니다. 마찬가지로 믿음의 아들, 딸을 낳아 훌륭한 자녀로 키우는 전도가 있을 때 우리는 신자로서의 훌륭한 의무를 이행한 것이라고 할 수 있습니다. 또 전도는 화를 면하게 하는 것이라고 고린도전서 9장 16절에 말했고 전도는 하나님의 상급을 받는 것이라고 말했습니다.

성도 여러분, 예수 믿는 즐거움을 간증하십시오. 그것이 전도입니다. 내가 다니는 교회를 자랑하십시오. 그것이 전도입니다. 그러면 어떻게 됩니까? 영혼이 잘됩니다. 영혼이 잘되면 범사가 잘됩니다.

하나님께서 범사에 잘되도록 복을 주십니다. 건강을 주십니다.

외항선을 타는 집사님이 있었습니다. 그런데 어느 날부터 몸이 좋지 않아 병원에 가보았더니 간암이라고 했습니다. 그제야 그는 정신이 번쩍 들었습니다. 집사 직분을 가지고 있었지만 집사다운 생활을 못 할 때가 많았습니다.

그는 하나님께 엎드려 기도했습니다. 기도하다가 남은 시간 전도하다가 죽어야겠다는 생각이 들었습니다. 그는 전도지를 들고 나갔습니다. 불신 친구, 불신 친척에게 가서 "나는 간암에 걸려 죽어도 천국에 가기 때문에 기쁘다"라고 간증했습니다.

그러면서 "당신도 한번은 죽음을 맞게 됩니다. 그러나 예수 안 믿으면 지옥 간다"라는 이야기도 했습니다. 그 집사님의 이야기를 들은 많은 사람들이 교회에 나오게 되고 예수님을 믿게 되었습니다.

그런데 무슨 일입니까? 3개월 밖에 못 산다는 그가 건강해졌습니다. 열심히 전도하였더니 하나님께서 살려주셨습니다(요삼 1:2).

● 날마다 부흥되어 백성에게 칭송받는 교회입니다

"저희가 다 성령의 충만함을 받고 성령이 말하게 하심을 보라"(4)

성령이 뜨겁게 역사하는 교회는 날마다 부흥되어 백성에게 칭송받는 교회가 되는 것을 사도행전 2장 47절에 기록되어 있습니다.

"하나님을 찬미하며 또 온 백성에게 칭송을 받으니 주께서 구원받는 사람을 날마다 더하게 하시니라" 부흥의 요소는 말씀을 경청한 자들(행 2:33-47)이 변화되었기 때문입니다.

양심의 가책을 느꼈습니다(33-37)

마음을 찌르고 쪼개는 가책을 느꼈으니 말씀을 바로 들으면 내적인 변화가 찾아 옵니다. 그러므로 언제나 경청해야 합니다.

회개하고 세례를 받았습니다(38-41)

모두가 회개하고 결신자가 3,000명이나 되었습니다. 성도의 삶은 성령으로 거듭나야 합니다.

행동과 삶의 변화를 가져 왔습니다(42-47)

외적인 변화로 믿음 사랑 기쁨의 공동체가 되었습니다. 우리 모두 초대교회로 돌아가야 합니다. 그래야 날마다 부흥되어 사람들에게 칭송받는 교회가 됩니다.

사도행전 2장 44절을 보면 "믿는 사람이 다 함께 있어 모든 물건을 통용하고 또 재산과 소유를 팔아 각 사람의 필요를 따라 나눠 주었다"고 했습니다.

초대교회는 날마다 모이기를 힘쓰며 섬김과 나눔을 실천하는 교회였습니다. 그 결과 하나님께는 영광 백성들에게는 칭송 받고 구원 받는 사람이 날로 날로 더해 졌습니다.

● 성령으로 기적이 나타나는 교회입니다(행 3:1-10)

7절 "오른손을 잡아 일으키니 발과 발목이 곧 힘을 얻고 뛰어서서 걸으며" 사도행전 3장 1~10절을 보면 오순절어 나면서부터 40평생 앉은뱅이였던 사람이 예수의 이름으로 다시 걷기도 하고 뛰기도 하며 새 사람이 되었다고 기록되어 있습니다.

또 사도행전 5장 1~16절에는 아나니아 부부가 헌금으로 시험받아 망령되게 주의 종을 속이다가 즉사해서 죽고 망하는 역사가 생겼습니다.

또 사도행전 9장 1~18절에 기독교를 반대하던 악독한 사울이 다메섹 도상에서 변화를 받아 만방에 복음을 전하는 능력의 종, 바울로 바뀌는 혁명이 일어났다고 기록되어 있습니다. 이 모든 것이 성령의 뜨거운 역사가 있을 때 일어난 기적인 줄 믿습니다.

성령의 역사가 불같이 퍼져 나가 청년 성도 여러분 때문에 교회가 부흥되고 나라가 복음화 되고 하나님 아버지 앞에 영광 돌리는 역사가 일어나기를 하나님의 이름으로 축원합니다.

말씀을 정리 하겠습니다.
'성령이 뜨겁게 역사하는 교회'가 되어 매사에 힘쓰는 교회가 됩시다. 날마다 부흥하는 교회가 되어 백성에게 칭송받는 교회가 되어야 합니다. 그리고 성령으로 기적의 역사가 나타나는 교회를 이루어야 합니다.

03
은혜가 충만한 교회

그들이 옳게 여겨 사도들을 불러들여 채찍질하며 예수의 이름으로 말하는 것을 금하고 놓으니
사도들은 그 이름을 위하여 능욕 받는 일에 합당한 자로 여기심을 기뻐하면서
공회 앞을 떠나니라 그들이 날마다 성전에 있든지 집에 있든지
예수는 그리스도라고 가르치기와 전도하기를 그치지 아니하니라
사도행전 5:40-42

"은혜"란 값없이 대가없이 내려 주시는 하나님의 사랑과 축복을 의미합니다.

시편 84장 11절에서는 "여호와 하나님은 해요 방패시라 여호와께서 은혜와 영화를 주시며 정직히 행하는 자에게 좋은 것을 아끼지 아니하실 것임이니이다" 로마서 15장 11절에 "예수 안에 있는 구속으로 말미암아 하나님의 은혜로 값없이 의롭다 얻은 자니라"

초대교회 사도들은 오순절 마가의 다락방에서 성령 충만함을 받고 열심히 전도했습니다. 전도할 때 시기로 가득 찬 사람들에 의해 투옥되는 시련을 당하기도 하면서 "저희는 날마다 성전에 있든지 집에 있든지 예수는 그리스도라 가르치기와 전도하기를 쉬지 아니하였다"고 했습니다. 초대교회는 은혜 충만한 교회였습니다.

초대교회에는 어떤 은혜가 있었을까요?

● 놓임의 은혜가 있었습니다(40)

> "저희가 옳게 여겨 사도들을 불러 들여 채찍질하며 예수의 이름으로 말하는 것을 금하고 놓으니"

열두 해를 혈루증으로 고생하던 여인은 병에서 놓임을 받았고 네 사람이 메고 온 중풍병자는 죄에서 놓임을 받았습니다.

거라사의 광인은 악신에게서 놓음을 받았고 엠마오로 가던 두 제자는 슬픔과 절망에서 놓임을 받았습니다. 이 모든 놓임은 예수님에 의해서 이루어 졌기에 전부가 은혜입니다.

그 놓임의 은혜를 받는데 자기들이 할 일은 아무것도 없습니다. 본문을 보면 "저희가 옳게 여겨 사도들을 불러 들여 채찍질하며 예수님의 이름으로 말하는 것을 금하고 놓으니"라고 하였습니다.

산헤드린 공회는 사도들을 죽이려고 옥에 가두었습니다. 위기에 처한 사도들을 주님은 가말리엘을 통해서 놓아 주었습니다.

예수님에 의한 놓임의 은혜입니다. 분명한 것은 사도들이 전하는 복음전도에 대해서 저들은 옳게 여겼다고 했습니다.

옳은 일을 하고 사람의 생명을 살리는 일을 하는 사도들은 죽이려고 했습니다. 그래서 옥에 가두었습니다. 그리고 채찍으로 때렸습니다.

옳은 일을 하는 사람들을 강제로 죽이려고 했습니다. 사도들은 복음전도를 통해 많은 박해를 받았습니다. 권세로 죽이려고 했습니다.

그러나 분명한 것은 옳은 일을 위해 일하게 될 때 하나님의 역사로 인해 죽게 될 것을 면하고 은혜로 놓임을 받았습니다.

얼마나 큰 은혜입니까? 자신의 힘으로는 불가능했지만 하나님의 은혜로 풀려남을 당하였습니다.

여러분 중에 얽매인 일이 있습니까? 사업에 얽매이고 질병에 얽매이고 자녀의 일에 얽매인 자가 있습니까? 하나님의 은혜로 놓임의 은혜, 자유와 평화의 은혜가 넘치시기를 바랍니다.

○ 기쁨의 은혜가 있었습니다 (41)

"사도들은 그 이름을 위하여 능욕 받는 일에 합당한 자로 여기심을
기뻐하면서 교회 앞을 떠나니라"

시편기자는 "고난 당한 것이 내게 유익이라 이로 인하여 내가 주의 율례를 배우게 되었나이다"고 노래했습니다. 즉 고난을 통해서 주의 법을 배우는 유익이 있었다는 것입니다.

욥은 "나를 연단하신 후에는 내가 정금같이 나오리라"고 하였습니다. 즉 고난은 하나님의 연단이요 지나고 보면 크게 유익이 된다는 뜻입니다. 이런 이유에서 고난까지라도 기뻐 할 수 있는 사람이 곧 성도입니다.

본문을 보면 "사도들은 그 이름을 위하여 능욕 받는 일에 합당한 자로 여기심을 기뻐하면서 공회 앞을 떠나니라"고 하였습니다. 사도들은 주를 위한 고난까지도 기뻐하였습니다. 이쯤 되면 항상 기뻐하게 됩니다.

예수님에 의한 기쁨의 은혜입니다. 기쁨의 은혜는 모든 일이 잘 되어질 때에 얻어지는 기쁨이 있습니다. 설령 고난 받고 억압당하여도 옳은 일을 위해 능욕을 받아도 기쁨이 있습니다.

사도들은 이런 기쁨이 있었습니다. 마태복음 5장 10~12절에 "의를 위하여 핍박을 받은 자는 복이 있나니 천국이 저희 것임이라 나를 인하여 너희를 욕하고 핍박하고 거짓으로 너희를 거스려 모든 악한 말을 할 때에는 너희에게 복이 있나니 기뻐하고 즐거워하라 하늘에서 너희의 상이 큼이라"고 했습니다.

● 열심의 은혜가 있었습니다(42)

"저희가 날마다 성전에 있든지 집에 있든지 예수는 그리스도라 가르치기와 전도하기를 쉬지 아니하니라"

다윗은 주의 전을 사모하는 열심에 자신이 삼킨바 되었다고 하였습니다. 예루살렘에 성막을 짓고 법궤를 옮겼는가 하면 성전을 짓고자 하는 열심이 열병에 걸린 사람과 같았습니다.

이처럼 다윗은 열심이 불같은 사람이었습니다. 예수님께서 성전을 청결케 하실 때 얼마나 열심이었든지 열심에 삼킨바 되었다고 성경은 증거하고 있습니다.

열심은 이같이 중요한 것입니다. 본문을 보면 "저희가 날마다 성전에 있든지 집에 있든지 예수는 그리스도라 가르치기와 전도하시기를 쉬지 아니하니라"고 하였습니다.

사도들은 유대인들의 온갖 박해와 훼방에도 주의 일을 쉬지 않았습니다. 즉 열심히 일했습니다. 열심이 불같았기 때문입니다. 열심의 은혜가 충만하였습니다.

말씀을 정리하겠습니다. 초대교회처럼 예수님의 복음으로 죄에서 놓임을 받고 모든 염려와 질병에서 놓임을 받으며 진리 안에서 기쁨과 즐거움이 충만하며 사도들처럼 날마다 성전에 있든지 집에 있든지 예수는 그리스도라 가르치기와 전도하기에 쉬지 않는 열심의 은혜가 충만 하시기를 바랍니다.

04
새롭게 되는 교회

안디옥 교회에 선지자들과 교사들이 있으니 곧 바나바와 니게르라 하는 시므온과
구레네 사람 루기오와 분봉 왕 헤롯의 젖동생 마나엔과 및 사울이라
주를 섬겨 금식할 때에 성령이 이르시되 내가 불러 시키는 일을 위하여
바나바와 사울을 따로 세우라 하시니
이에 금식하며 기도하고 두 사람에게 안수하여 보내니라
사도행전 11:19-26, 13:1-3

"새롭게" 되기 위해서는 변해야 합니다.

변하지 않고는 새로운 세상에서 살아남을 수가 없습니다.

세상은 부단히 변해 왔습니다. 우리가 살고 있는 집의 건축양식도 시대에 따라 새롭게 변해 왔습니다.

토담집에서 흙벽돌집으로 흙벽돌집에서 기와집으로 요즘에는 아파트로 아파트문화가 들어온 지 그 유형과 형식이 다양하게 변해 왔습니다.

새롭게 발전되는 지역에 세워진 아파트는 그 품질과 내용이 눈에 확 띄게 발전한 것을 볼 수 있습니다.

세상이 변하고 사람의 마음과 취향도 변하고 있습니다. 그 변화에 앞서 가고 주도하기 위해서는 남다른 수고와 노력을 해야 합니다.

교회도 변해야 합니다. 목사도 변해야 합니다. 성도도 변해야 합

니다. 새롭게 변화될 때 성장과 부흥이 있습니다.

◉ 새롭게 되는 교회는 열린 교회입니다(19-21)

"주의 손이 그들과 함께 하시매 수고한 사람이 믿고 주께 돌아오더라"

안디옥교회는 그리스도인의 정체성과 바른 교회 상을 제시함으로 하나님 교회의 새로운 방향을 제시하고 새 역사를 창조한 교회입니다.

닫힌 구조가 아닌 열린 구조를 가져야만 새로운 변화를 추구 할 수 있습니다.

안디옥교회는 이웃과 사회를 향하여 열려있는 교회였으며 처음으로 이방인에게도 문을 열고 복음을 전한 포용력이 있는 교회입니다.

자신들이 먼저 말씀의 도 즉 복음 위에 굳게 서서 당시 유대인들의 생각으로는 불가능한 일을 시작한 것입니다.

그 결과, 주의 손이 함께 함으로 부흥의 역사가 일어난 것입니다. 초대교회에서 열심히 전도할 때 시기하는 자들에 의해 박해가 있었습니다. 그로 인해 스데반이 돌에 맞아 죽는 일이 일어나게 되었습니다. 그러므로 예루살렘을 중심으로 하던 전도자들이 각처에 흩어지기 시작하였습니다.

유대인들에게만 전하던 복음을 안디옥에서는 헬라인들에게도 주 예수를 믿으라고 전하였습니다. 그러므로 주의 손이 그들과 함께 하시므로 수다한 사람이 믿고 주께 돌아오게 되었습니다.

박해로 인해 열린 교회가 되었고 열린 목회를 했습니다. 교회는 열린 교회가 될 때 새롭게 되는 것입니다. 열린 교회는 누구나 환영하고 누구나 와서 예수 믿고 구원 받는 교회입니다.

● 새롭게 되는 교회는 서로 세워 주는 교회입니다(22-26)

"만나매 안디옥에 데리고 와서 둘이 교회에 일 년간 모여 있어 큰 무리를 가르쳤고"

안디옥 교회에 바나바가 온 후 교회가 더 부흥하게 되었습니다. 그러나 바나바는 자신이 혼자 안디옥 교회를 돌본다는 것이 불가능함을 알고 다소에 있는 바울을 데려다가 함께 동역을 합니다.

하나님의 은혜를 은혜로 아는 영적 분별력이 있는 사람인 바나바가 자신의 부족함과 한계를 알고 실력 있고 열심 있는 하나님의 일꾼인 바울을 데려다가 함께 목회함으로 안디옥에 있는 교인들이 비로소 그리스도인이라는 일컬음을 받게 되었습니다.

이처럼 하나님의 교회는 교역자와 교인 모두 자신의 부족함과 한계를 알아 서로의 부족함을 채우며 서로 세워 주는 일을 해야 합니다. 그때에 하나님의 역사가 일어나게 되는 것입니다.

본문 22-26절에서 보면 예루살렘교회가 바나바를 안디옥교회에 파송하여 일하게 하였습니다.

그런데 바나바는 다소에 있는 사울을 찾아가 안디옥으로 데리고 와서 함께 일하도록 했습니다. 바나바는 사람을 세워줄 줄 알았고 사울은 세움을 받고 열심히 일했습니다.

서로 세워주므로 일하는 교회가 될 때 새로워지는 교회가 되었고 부흥하는 교회가 되었으며 일 년간 함께 큰 무리를 가르치므로 안디옥에서 비로소 그리스도인이라 일컫는 성도들이 일어나게 되었습니다. 교회는 목회자와 목회자끼리 서로 세워 주어야 합니다. 목회자와 교인 간에 세워줌이 있어야 합니다. 그래야 교회가 새로워지고 부흥하게 됩니다.

● 새롭게 되는 교회는 성령이 주도하는 교회입니다(13:1-3)

"이에 금식하며 기도하고 두 사람에게 안수하며 보내니라"

안디옥 교회지도자들의 구성원을 살펴보면 일치되기 어려운 다양한 신분과 계급, 그리고 다양한 연령층과 인종을 포함하고 있습니다. 그럼에도 불구하고 조화를 이루며 하나님의 교회를 잘 섬겼습니다.

그 이유는 저들이 금식하며 주님을 섬기는 가운데 성령님의 음성을 듣고 순종하였기 때문입니다. 특히 바나바와 바울을 따로 세워 세계선교를 위하여 내놓으라고 할 때 저들이 기도하고 금식하고 그대로 순종하였습니다.

사실 안디옥 교회에서 바나바와 바울은 가장 중요한 두 사람입니다. 그러나 하나님의 계획을 위하여 기둥 같은 두 사람을 뽑아 보낼 줄 아는 교회였습니다. 즉 안디옥 교회는 성령이 주도적으로 역사하고 이에 순종할 줄 아는 교회입니다.

교회가 새로워지고 부흥하는 교회는 사람이 주도하는 교회가 아닙니다. 성령이 주도하는 교회가 되어야 합니다. 성령이 주도하는 교회는 기도하고 금식하는 교회입니다. 기도하고 금식하며 힘써 기도하는 중심인물이 바나바와 바울이었으며 안디옥에서 서로 세워주며 일할 때 다양한 지도자를 세워 일하게 하였으며 세계 선교에 장을 만들어 가게 되었습니다.

말씀을 정리합니다. 새롭게 되는 교회는 열린 교회이며 서로 세워주는 교회이며 성령이 주도하는 교회입니다.

05
다윗의 기도

내가 고통 중에 여호와께 부르짖었더니 여호와께서 응답하시고 나를 넓은 곳에 세우셨도다
여호와는 내 편이시라 내가 두려워하지 아니하리니 사람이 내게 어찌할까
… 내가 죽지 않고 살아서 여호와께서 하시는 일을 선포하리로다
여호와께서 나를 심히 경책하셨어도 죽음에는 넘기지 아니하셨도다
시편 118:5-18

사람은 하나님의 생기를 가진 영적인 존재로 창조되었습니다. 그러나 사람들이 죄 가운데 헤매다가 영원히 죽어 가고 맙니다. 그들이 죄 가운데서 짐승같이 사는 이유는 자기의 영이 죽어 있기 때문입니다.

그러나 영이 살아있는 사람은 기도하는 사람입니다. 기도는 생명을 살리는 능력이 있습니다. 기도할 때 아름다운 그리스도인이 되는 것이고 범사에 하나님의 도움을 얻게 될 것입니다.

여호와께 부르짖는 자에게 하나님께서 그의 편이 되시기를 노래하고 있습니다. 원수들의 둘러싸임 속에서도 하나님께서 내편이 되시면 두려움이 없게 된다는 것입니다.

여호와는 나의 능력이요 구원이시라고 시인은 고백하고 있습니다. 기도는 어떤 내용일까요?

●다윗은 고통 중에 주께 기도했습니다(5절)

"내가 고통 중에 여호와께 부르짖었더니 여호와께서 응답하시고 나를 광활한 곳에 세우셨도다"

시인은 자신이 고난 받을 때에 부르짖었더니 주께서 응답해 주시고 자신을 넓은 곳에 세우셨다고 증거했습니다. 우리는 삶의 과정에서 많은 고난을 받을 때가 있습니다. 육적 질병으로 인한 고난, 인간관계에서 오는 불협화음으로 인한 고난, 영적인 고난을 겪는 경우들이 많이 있습니다.

다윗은 블레셋의 골리앗으로부터 괴롭힘을 당하고 업신여김을 당하였습니다. 사울과 당시에 온 이스라엘을 괴롭힌 블레셋의 대장 골리앗은 40일간 이스라엘을 괴롭혔다고 합니다. 키는 3.7m 창은 베틀 채 같고 방패도 다른 군인이 들고 다녔다고 합니다.

신령한 위기에서 골리앗은 하나님의 사람들을 괴롭히는 사람입니다. 골리앗은 하나님께 반대한 사람이고 이스라엘을 괴롭히는 사람이고 하나님의 백성을 괴롭히는 사람인 것입니다.

그러므로 마귀가 하나님의 백성을 괴롭힌다고 할 때에 골리앗은 마귀의 앞잡이고 "사시는 하나님의 군대를 모욕하였으므로"(삼상 17:26 하)영적으로 살펴보면 적그리스도와 같은 것입니다. 저는 "다윗을 보고 업신여기었고"(삼상 17:42) "다윗을 저주하였고"(43절) 힘으로나 권력으로나 외관상을 살펴보아도 다윗과 골리앗은 상대가 되지 않는 싸움을 벌였던 것입니다. 40일간이나 밤낮으로 괴롭혔으며 갖은 거짓말과 협박으로 성도를 공포의 분위기로 몰고 갔던 것입니다.

객관적인 면에서 상대가 되지 않는 이 싸움에서 다윗은 물맷돌과 골리앗이 모욕하는 만군의 하나님 여호와의 이름으로 나아간다고 하였습니다.

오직 다윗의 무기는 여호와의 이름으로 나가는 기도가 무기였습니다. 다윗은 고통 중에 여호와께 부르짖어 기도했습니다. 그리했더니 응답하여 주시고 자신을 "광활한 곳에 세우셨다"고 했습니다. 자신을 넓은 곳에 세우셨다는 말은 자유롭게 구원하여 주셨음을 의미합니다.

시편 31장 8절에서는 "나를 대적의 수중에 금고치 아니하셨고 내 발을 넓은 곳에 세우셨음이니이다"고 했습니다. 시인은 대적의 올무에 잡혀 고통 중에 처하였으나 하나님께 간구함으로 구원받았던 것입니다. 성도는 고난 중에 있을 때 하나님께 부르짖어 하나님의 구원을 체험하고 그 은혜를 증거 해야 합니다.

● 다윗은 여호와는 능력과 구원이심을 믿는 믿음이 있었습니다

"여호와는 나의 능력과 찬송이시오 또 나의 구원이 되셨도다"(14)

시인은 대적이 자신을 밀쳐 넘어뜨리려 하였으나 여호와께서 자신을 도우셨다고 증거 합니다. 그러면서 여호와가 자신의 능력과 찬송이시며 구원이 되셨다고 찬양했습니다.

이는 자신의 승리가 오직 여호와의 능력에 의한 것임을 고백하고 찬송한 것입니다. 이러한 시인의 고백은 구원받은 모든 성도의 고백입니다. 죄악의 세력에서 구원받음은 오직 하나님의 능력으로 말미암은 것입니다. 이 사실을 인정할 때 그 은혜에 감사와 찬송을 드리지 않을 수 없습니다. 항상 여호와의 구원의 은혜와 능력을 인하여 찬송하는 성도가 되어야 하겠습니다.

시편기자는 환난과 원수들을 어떻게 물리쳤는가하면 시편 118편 10~12절에서 보면 힘으로도 안 되고 능으로도 안 되고 오직 여호와의 이름으로만 가능함을 믿는 믿음이었습니다.

사랑하는 성도 여러분, 영적 골리앗이 주변에 없습니까? 무엇이 하나님의 일을 방해 합니까? 기도와 예수 그리스도의 이름으로 나아가는 것 외에 다른 것으로는 아무것도 되지 않습니다. 베드로와 요한이 성전 미문의 앉은뱅이를 고치신 것도 "나사렛 예수 그리스도"의 이름 권세로 걸었습니다. 여호와는 능력과 구원이심을 믿어야 합니다.

● 다윗은 여호와의 오른손이 권능을 베푸심을 알았습니다 (15-16)

시인은 의인의 장막에 기쁜 소리, 구원의 소리가 있다고 했습니다. 이는 하나님의 능력으로 대적을 물리치고 승리한 의인의 승리의 함성이요 환호하는 소리입니다.

하나님의 구원이 임한 곳에는 항상 기쁨과 승리의 환호성이 울리기 마련입니다.

시인은 이러한 기쁨과 환성이 여호와의 오른손에 의한 것임을 강조하였습니다. 오른손은 능력과 권세를 상징합니다. 하나님의 구원

역사는 의인에게 기쁨과 만족을 주는데 그래서 사도 바울은 성도들에게 주안에서 기뻐하는 삶을 살도록 강조 했습니다.

다윗은 불레셋과의 전쟁에서 하나님께 속한 것임을 믿었습니다(삼상 17:47). 돌멩이 한 개가 필요하였습니다. 돌멩이 다섯 개를 가지고 있었으나 오직 한 개만 사용했습니다. 그리고 그 한 개에 하나님의 능력이 함께 했던 것입니다. 즉 여호와의 오른손이 권능을 베풀어 승리하게 하신 것입니다.

06
합심으로 기도를 합시다

진실로 너희에게 이르노니 무엇이든지 너희가 땅에서 매면 하늘에서도 매일 것이요
무엇이든지 땅에서 풀면 하늘에서도 풀리리라
진실로 다시 너희에게 이르노니 너희 중의 두 사람이 땅에서 합심하여
무엇이든지 구하면 하늘에 계신 내 아버지께서 그들을 위하여 이루게 하시리라
두세 사람이 내 이름으로 모인 곳에는 나도 그들 중에 있느니라
마태복음 18:19-20 ; 사도행전 2:43-47

인간의 몸이 쉬지 않고 계속 일함으로서 그 몸의 생명이 계속되는 것과 같이, 중생한 영혼이 쉬지 말고 계속 해야 하는 것이 있는데 그것은 곧 주님께서 가르쳐 주신 기도 생활입니다.

이 기도 생활에 힘썼을 때 오늘과 같은 부흥과 성장을 하나님께서 허락하신 것입니다.

우리 성도들이 신앙생활에 있어서 말씀과 기도와 전도, 이 세 가지는 삼위일체가 된다고 보겠습니다. 예수님께서는 세상에 오셔서 기도로 공생애를 시작하셨고 기도로 진행하시고 기도로 십자가상에서 생을 마치신 것을 보아 기도의 중요성을 더욱 알게 됩니다.

본문에서 보면 19절에 "진실로 다시 너희에게 이르노니 너희 중에 두 사람이 땅에서 합심하여 무엇이든지 구하면 하늘에 계신 내 아버지께서 저희를 위하여 이루게 하시리라"고 했습니다.

합심으로 기도하면 하늘에 계신 하나님 아버지께서 이루어 주신다고 했습니다. 합심 기도의 능력은 실로 위대한 것입니다. 온 성도들이 한 몸으로 연합하고 교제를 나누며 합심으로 기도하면 온전한 능력이 나타날 것입니다. 합심기도의 능력은 무엇 입니까?

● 합심기도는 모든 문제를 푸는 능력이 있습니다(행 4:32)

"믿는 무리가 한마음과 한뜻이 되어 모든 물건을 서로 통용하고 제 재물을 조금이라도 제 것이라 하는 이가 하나도 없더라"

오순절 마가의 다락방에 모인 120명의 성도들은 "다 성령이 충만하여" "한마음과 한뜻이 되어" "일심으로" "하나님께 소리 높여"(행 4:24) 기도 했을 때 영광스러운 사건이 일어나기 시작 했습니다. 그래서 초대교회 성도들은 "밭과 집 있는 자는 팔아 그 판 것의 값을 가져다가 사도들의 발 앞에 두매 저희가 각 사람의 필요를 따라 나눠 줌"으로서 하나님께 영광 돌리고 찬송 받는 교회가 되었습니다.

합심기도는 "서로의 동의를 뜻 합니다", "남이 구하는 것에 마음을 합치는 서로의 동의"가 있어야 합니다. 그 동의는 신령과 진정의 것이어야 합니다. 우리 성도 개인이 어떤 문제가 있어 기도할 제목이 있을때 다른 성도들에게 알려 함께 일심으로 기도하면 하나님께서는 그 기도를 응답하실 것입니다. 이것은 하나님의 약속입니다.

합심기도는 모든 문제를 푸는 능력이 있습니다. 주님은 무엇이든지 땅에서 매면 하늘에서도 매일 것이요 무엇이든지 땅에서 풀면 하늘에서도 풀리리라고 하셨습니다.

그런데 그 방법은 두 사람이 땅에서 합심하여 기도하는 것이라고 하였습니다. 두 사람이 합심하여 기도할 때 하나님은 그 기도에 따라 이루어 주시고 풀어 주신다는 것입니다. 베드로가 옥에 갇혀 죽게 되었을 때에 성도들이 마가라 하는 요한의 어머니 마리아의 집에서 기도 했습니다.

그리할 때 하나님이 그를 풀어주셨습니다(행 12:1-9). 또 120명의 성도들이 마가의 다락방에 모여 합심하여 뜨겁게 기도할 때 오순절 성령의 불세례를 체험하였습니다.

우리의 가정에 어떤 문제가 있으면 혼자 근심하고 염려 할 것이 아니라 온 식구가 함께 기도 하도록 해야 합니다.

교회가 어려운 문제가 있을 때 온 교우가 합심하여 기도하면 문제는 풀어질 수 있습니다. 합심기도에는 주님의 응답을 받는 놀라운 능력이 있기 때문입니다.

사도행전 1장 14절에 보면 "여자들과 예수의 모친 마리아와 예수의 아우들로 더불어 마음을 같이하여 전혀 기도에 힘쓰니라"고 했습니다. 초대교회 마가의 다락방에 예수님의 가족들도 함께 모여 합심하여 기도했습니다.

● 합심기도는 예수님의 이름으로 모여 기도하는 것입니다[20]

"두 세 사람이 내 이름으로 모인 곳에는 나도 그들 중에 있느니라"

합심기도의 모임은 예수님의 이름으로 모여 기도할 때 주님이 함께 하십니다. 사람들의 선동이나 인위적인 계략에 의해 모여 기도할 때 그것은 응답이 없습니다.

예수님의 이름으로 모이는 곳. 예수님 이름으로 일하는 곳. 예수님 이름으로 계획하는 곳. 예수님 이름으로 살아가는 곳이 곧 교회입니다. "예수님의 이름으로"라는 말은 예수님의 영광을 위해서 하라는 말씀입니다. "예수님의 이름으로"라는 말은 우리가 받는 축복은 모두 예수님을 통해서 온다는 말씀입니다.

믿음도, 성령도, 충성도, 성품의 변화도, 내세 소망도 모두 예수님을 통해서 옵니다. 합심기도에 힘을 주는 것은 그의 충실한 기도의 제자들이 함께 교제를 나눌 때 주님은 "나도 그들 중에 있느니라"고 말씀하고 있습니다.

이는 우리 성도가 합심기도 하기 위해서 함께 모일 때 성도들만 있는 것이 아니라 그 자리에 주님께서 함께 하신다는 사실입니다.

주님은 우리의 신랑이시오, 가장이시오, 주인이시오, 왕이십니다. 신랑이 없는 모임, 가장이 없는 가정, 주인 없는 사업장, 왕이 없는 나라는 문제가 많습니다. 합심 기도할 때 주님이 함께하는 복된 교회가 이루어지기를 축원합니다.

● 합심기도는 확실한 응답의 축복이 있습니다(행 12:50)

출애굽기 14장 13~16절에서 보면 모세가 기도로 홍해를 갈라지게 하였고 여호수아 10장 12~13절에는 여호수아의 기도로 태양을 정지시키는 역사가 나타났고 열왕기상 18장 16~46절에서는 "갈멜산상에서 엘리야가 바알 선지자들과 아세라 선지자들을 이기고 기도로 비를 오게 하는 확실한 응답이 있었습니다.

사도행전 16장 25~34절에서는 옥에 갇힌 바울과 실라를 합심 기도하므로 구출하였고 사도행전 9장 36~42절에서는 베드로가 기도하여 욥바의 죽은 다비다를 살리는 역사가 나타났습니다.

사도행전 12장 5, 12절에 보면 "이에 베드로는 옥에 갇혔고 교회는 그를 위하여 간절히 하나님께 빌더라. 깨닫고 마가라 하는 요한의 어머니 마리아의 집에 가니 여러 사람이 모여 기도하더라"고 하였습니다. 합심기도하면 확실한 응답의 축복이 있습니다.

07
응답받는 기도

너희 중에 고난 당하는 자가 있느냐 그는 기도할 것이요 즐거워하는 자가 있느냐
그는 찬송할지니라
너희 중에 병든 자가 있느냐 그는 교회의 장로들을 청할 것이요
… 너희가 알 것은 죄인을 미혹된 길에서 돌아서게 하는 자가
그의 영혼을 사망에서 구원할 것이며 허다한 죄를 덮을 것임이라
야고보서 5:13-20

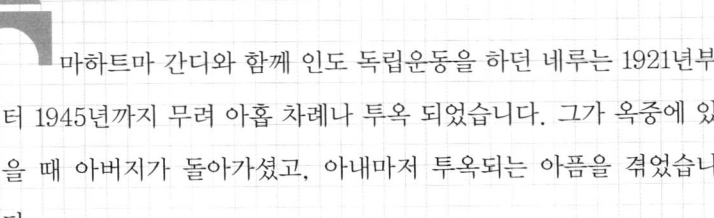

마하트마 간디와 함께 인도 독립운동을 하던 네루는 1921년부터 1945년까지 무려 아홉 차례나 투옥 되었습니다. 그가 옥중에 있을 때 아버지가 돌아가셨고, 아내마저 투옥되는 아픔을 겪었습니다.

"딸아, 나는 네가 한두 나라에 국한 되는 편협한 역사를 배우지 말고 전 세계의 역사를 연구하라고 권하고 싶다."

이것은 그가 옥중에서 외동딸에게 보낸 첫 번째 편지입니다.

그는 형무소에서 3년 동안 세계사에 관한 편지를 썼고. 이를 집대성한 것이 "세계사 편력"입니다.

그는 거기에서 서구 영국지배 중심의 역사관을 극복하고 동서양 역사를 균형 있게 바라볼 것을 강조했습니다.

1947년 독립된 인도의 초대 총리가 되어 17년간 인도를 이끌었던 네루, 또 아버지의 정성어린 편지를 읽고 자라 훗날 인도의 여자 총리가 된 외동딸, 그들이 만든 역사는 어떻게 살아갈 것인가를 고민하는 현대인들에게 거울이 됩니다. 이들은 '역사를 만드는 사람'들이었습니다. 편협한 역사를 배우지 말라, 동서양 역사를 균형 있게 바라보았습니다.

하나님의 역사 속에서도 새 역사를 만드는 사람들은 모두 기도의 사람들이었습니다.

모세의 시내산에서의 40일 금식기도(출 24:18), 사무엘의 기도(삼상 7:9), 사무엘의 이스라엘을 위한 기도, 에스더의 기도, 다니엘의 기도(단 9:3-4)를 들어주시사 그 시대에 새 역사를 만드는 사람으로 쓰셨습니다.

성도의 삶은 하나님과 나누는 끊임없는 교제 속에서 이루어야 합니다. 인생은 늘 크고 작은 파란의 연속입니다. 한 평생 어제와 다름없는 오늘, 오늘과 다름없는 내일을 기대하며 그렇게 여일한 삶을 살아가는 사람은 없습니다.

때로는 예기치 못한 고난이 닥쳐오고 불시에 파국을 맞이하기도 하는 것이 인간의 생애입니다. 인간은 누구나 삶의 오르막과 내리막을 경험합니다. 성도는 고난이 닥쳤을 때 무엇을 해야 할 것인가? 야고보 사도는 고난 당할 때는 기도하고 기쁜 일을 만났을 때는 찬송하라고 성도들에게 권고했습니다.

새 역사를 만드는 사람들은 고난이 있습니다. 성도는 새 역사를 만들어야 합니다.

◉ 고난 당할 때에도 믿음으로 기도하면 응답이 있습니다 (약 1:6)

"오직 믿음으로 구하고 조금도 의심하지 말라 의심하는 자는 마치 바람에 밀려 요동하는 바다 물결 같으니"

고난은 어떤 사람에게나 찾아오지만 고난을 겪어내는 인간의 모습은 저마다 다릅니다. 하나님을 알지 못하는 사람들은 대개 고난 앞에서 두 가지 양태를 보입니다.

하나는 자기의 힘으로 고난을 이겨내고 몸부림치는 모습이며 또 다른 하나는 아예 포기하고 고난 앞에 주저앉고 마는 것입니다.

그러나 성도는 고난 당할 때 믿음으로 기도해야 합니다. 신실한 성도들은 고난 당할 때가 오히려 감사하며 기도해야 할 때임을 알고 기도합니다. 시편 50장 15절에서는 "환난 날에 나를 부르라"고 명하셨습니다. 고난 중에 드리는 기도는 병든 자를 구원하는 믿음의 기도가 있습니다. "내가 너를 건지리니 네가 나를 영화롭게 하리로다"

하나님께 전 존재를 내어 맡기고 온전한 믿음으로 구하는 성도의 기도는 병든 자를 일으킬 수 있습니다. 고난 중에도 믿음으로 기도하면 새 역사를 이루어 갈 수 있습니다.

◉ 하나님의 뜻에 맞게 기도할 때 응답이 있습니다 (약 4:3)

"구하여도 받지 못함은 정욕을 쓰려고 잘못 구함이니라"

서양의 어떤 대 저술가는 "나의 소유 중에 모든 것을 다 잃을지라도 기도만 빼앗기지 않는다면 무상의 만족"이라고 말한바 있습니다. 과연 기도는 성도의 전 재산이며 영적 생명의 호흡입니다. 우리가 호흡을 그치고 어찌 순간인들 생존 할 수 있겠습니까? 데살로니가전서 5장 17절은 "쉬지 말고 기도하라"고 했습니다. 참으로 기도는 만능입니다.

야고보는 "구하여도 받지 못함은 정욕으로 쓰려고 잘못 구함이니라"(약 4:3)고 예리한 지적을 했습니다. 엘리야가 기도할 때 3년 6개월간 비를 주시지 않으셨고 다시 기도하여 하나님이 비를 주신 역사를 기억하시기 바랍니다. 성경은 예수님이 먼저 기도하셨고 그리고 제자들에게 기도를 가르쳐 주셨습니다.

마가복음 1장 35절에 "새벽 오히려 미명에 예수께서 일어나 나가 한적한 곳으로 가사 거기서 기도하시더니"라고 했습니다. 마태복음 6장 9~13절에서는 주의 기도문을 가르쳐 주셨습니다. 우리의 기도는 하나님의 뜻에 맞게 기도해야 합니다.

본문에 나온 엘리야는 보통 인간들과 조금도 다름이 없는 성정을 지녔습니다. 다만 그는 진심으로 하나님을 신뢰하고 그 뜻대로 살아가는 의로운 사람이었습니다. 하나님은 엘리야가 당신의 뜻에 합당하게 간구했을 때 그 기도를 들어 주셨습니다.

● 죄를 회개함으로 기도할 때 응답이 있습니다(시 66:18)

"내가 내 마음에 죄악을 품으면 주께서 듣지 아니하시리라"

죄를 회개하지 않고는 기도에 응답받을 수 가 없습니다. 우리가 기도할 때 심중에 추호라도 악한 생각이 있으면 아무리 금식하면서 애쓰고 철야를 하며 기도를 해도 주께서는 응답지 않으십니다.

성도 여러분! 마음 중심에 악한 생각은 없습니까? 남을 미워하는 사람, 나 보다 더 나은 자를 시기하는 사람, 되지 못하고 된 줄 여기고 교만한 태도를 보이는 사람은 없습니까? 조금이라도 그런 불의한 점이 있으면 주 앞에서 정직하게 자복해야 합니다.

세리의 기도처럼 "나는 죄인이로소이다"라고 회개해야 합니다. 요한일서 1장 9절에서는 "만일 우리가 우리 죄를 자백하면 저는 미쁘시고 의로우사 우리 죄를 사하시며 모든 불의에서 우리를 깨끗하게 하실 것이요"라고 했습니다.

우리가 회개하고 용서받는 길은 기도의 길 밖에 없습니다. 죄를 회개함으로 기도할 때 응답이 있습니다. 말씀을 정리 하겠습니다.

야고보 사도는 말세 지말을 당하는 고난 받는 성도들에게 "하나님께 구하라"고 권면 했습니다. 참된 기도는 하나님께 상달되고 또 역사하는 힘을 발휘하게 됩니다. 이에 대하여 야고보는 엘리야의 기도를 예로 들었습니다. 엘리야는 아합 왕 때의 선지자로 강력한 사역을 하다가 죽지 않고 승천 하였습니다.

엘리야 선지자는 수많은 표적을 행하고 또 3년 6개월 동안 비가 오지 않게 한 일들은 모두 기도에 있었습니다. 실로 한 선지자의 믿음으로 드리는 기도의 힘은 엄청난 일이었습니다.

08
기도의 열매

…기도하여 이르되 여호와여 원하건대 그의 눈을 열어서 보게 하옵소서 하니
…왕이 위하여 음식을 많이 베풀고 그들이 먹고 마시매 놓아보내니
그들이 그들의 주인에게로 돌아가니라 이로부터
아람 군사의 부대가 다시는 이스라엘 땅에 들어오지 못하니라
열왕기하 6:14-23

　본문은 선지자 엘리사가 각종 이적을 통해 하나님이 살아 역사 하신다는 사실과 인생 문제의 유일한 해결 자는 오직 하나님 뿐 이심을 밝혀온데 이어 본문에는 제 1차로 북 이스라엘을 침공한 아람 군대를 엘리사가 초월한 능력으로 물리친 사실을 소개하고 있습니다.

　당시 아람왕은 단지 인간 엘리사를 제거하려고만 했지 엘리사를 후원하고 계신 하나님이 과연 어떤 분이신지를 몰랐기에 그 같은 참패를 당하였던 것입니다.

　진정 여호와 하나님을 바로 알지 못할 때 모든 일에 실패하고 절망할 수밖에 없습니다. 본문에서 엘리사가 하나님께 기도하므로 맺은 열매를 말씀해 주고 있습니다.

◉ 기도의 열매는 평안의 열매를 맺습니다 (14-17)

"기도하여 가로되 여호와여 원컨대 저의 눈을 열어서 보게 하옵소서 하니"(17)

사도 바울이 가이사에게 재판을 받기 위해서 지중해 바다를 건너 로마로 호송되고 있었습니다. 마침 유라굴로 광풍이 대작하였습니다. 모든 사람들은 사색이 되었으나 바울은 어제 밤에 기도하고 응답을 받았기에 평안 하였습니다. 오히려 276명의 사람들에게 같은 입장에서도 위로하고 격려할 수 있었습니다. 한배를 탔지만 기도하는 사람과 안하는 사람의 차이가 바로 이것입니다.

기도는 평안의 열매를 맺기 때문입니다. 본문을 상고해 보면 엘리사 선지자가 유하던 도단성이 아람군대에 의하여 포위 되었을 때 사환 게하시는 사색이 되었습니다.

엘리사가 게하시를 위해서 기도한 결과 신령한 눈이 열려 도단성을 호위한 천군 천사의 무리를 보고 평안을 얻었습니다. 기도하는 사람과 안하는 사람의 차이입니다. 기도는 평안의 열매를 맺습니다.

본문 내용을 좀더 상세히 설명하면 아랍왕은 이스라엘 침략 계획을 세우기만 하면 신기하게도 이스라엘 군대가 방어망을 구축하여 번번이 침략에 실패하게 됩니다.

이러한 방어망 구축이 엘리사의 영감에 따른 결과임을 뒤늦게 깨달아 아랍왕은 수많은 병사와 말을 동원하여 체포 부대를 결성한 후 엘리사가 머물고 있는 처소로 파견하지만 이번에도 모두 실패하고 맙니다(14-19).

당시 하나님께서는 불 병거와 불 말로 무장한 천군천사를 동원하여 당신의 사람 엘리사를 철두철미 보호하고 계셨던 것입니다(17). 이 사실을 알게 된 것은 엘리사가 기도한 후 영안이 열려서 평안을 얻게 된 것입니다. 실로 하나님은 당신이 선택하시고 당신이 후원하시며 기도하는 사람에게는 위경에 처했을 때에도 외면치 않으시고 평안케 하십니다.

● 기도의 열매는 승리의 열매를 맺습니다(18-20)

"여호와께서 저희의 눈을 여시매 저희가 보니 자기가 사마리아 가운데 있더라"

장자의 축복 문제를 놓고 에서와 야곱은 형제이면서도 원수가 되었습니다. 야곱은 외삼촌 집에 도망하여 20년을 지내며 가정을 이루고 큰 부자가 되었습니다.

야곱이 하나님의 지시를 받고 가나안 땅으로 돌아가고 있었습니다. 형 에서가 400명의 군사를 거느리고 죽이려 온다는 소식을 접한 야곱은 이틀 밤을 새우며 하나님께 기도하였습니다. 승리의 응답을 받고 400명을 거느린 형에게 달려갔습니다. 문제에 뛰어 들었습니다.

오히려 형이 먼저 야곱을 끌어안고 울었습니다. 야곱이 승리하는 순간입니다. 기도는 승리를 낳습니다.

본문에서 아람군대가 도단성을 습격하여 올 때 엘리사는 저들의 눈이 멀도록 기도하였고 사마리아 한 가운데로 이끌어 갔습니다.

눈이 열리도록 기도하였습니다. 기도하는 한 사람이 승리하였습니다. 기도는 승리의 열매를 맺습니다.

기도하는 자는 패하지 않습니다. 기도는 능력이 나타납니다. 갈멜산 상에서의 850대 1의 엘리야의 기도는 승리의 열매를 맺었습니다. 기도하면 능력이 나타납니다. 사도행전 3장에서 기도한 베드로와 요한이 기도하러 성전에 올라가다가 38년 된 앉은뱅이를 고치는 능력이 나타났습니다.

● 기도의 열매는 선한 열매를 맺습니다(21-23)

> "왕이 위하여 식물을 많이 베풀고 저희가 먹고 마시매 놓아 보내니
> … 아람부대가 다시는 이스라엘 땅에 들어오지 못하니라"

예수님께서 마지막으로 예루살렘을 향하여 가시는 중이었습니다. 사마리아인의 한 촌에서 예수님과 그 일행을 거부하였습니다. 이때 야고보와 요한이 하늘에서 불을 내려 멸망시키고자 제안하였습니다. 예수님은 저들 형제를 책망하고 다른 촌으로 가셨습니다. 영접하지 않는 이웃이요 거절하는 이웃이라그 멸망시키거나 원수를 맺고 살아서는 안 된다는 뜻입니다. 오히려 참고 좋은 이웃 관계로 살아야 한다는 뜻입니다. 본문의 기록을 상고하면 피 흘림 없이 아람군대를 포로로 잡았습니다.

이스라엘 왕 여호람은 그들을 칼로 쳐 죽이고자 거듭 주장하였습니다. 그러나 기도하는 엘리사는 오히려 실컷 먹이고 마시우고 본

국으로 돌려보내도록 하였습니다.

　기도하지 않는 사람은 사람을 죽이려하나 기도하는 사람은 원수까지 사랑했습니다. 기도는 좋은 이웃을 만드는 선한 열매를 맺습니다. 엘리사의 기도대로 왕이 적군에게 식물을 베푸는 선을 행하게 되었습니다. 선한 열매를 맺게 될 때 아람군대가 다시는 이스라엘 땅에 침공하는 일을 하지 못했습니다. 이처럼 기도의 열매는 귀합니다. 기도는 평안의 열매 승리의 열매 선한 열매를 맺게 됩니다.

09
민족이 바로 사는 길

그러므로 예수께서 자기를 믿은 유대인들에게 이르시되
너희가 내 말에 거하면 참으로 내 제자가 되고
진리를 알지니 진리가 너희를 자유롭게 하리라…
요한복음 8:31-36

　　세상에 존재하는 모든 민족마다 그 민족의 시작을 알리는 민족신화나 처음으로 나라를 건국한 개국신화가 있습니다.

　우리나라는 단군신화가 있습니다. 삼국유사에 하늘과 땅을 다스리는 환인의 서자인 환웅이 태백산 꼭대기의 산간수에 내려와 산시를 건설함으로 시작 됩니다. 그 후 쑥과 마늘만으로 21일간을 견딘 곰이 여자로 변하여 환웅과 결혼하고 그 사이에 태어난 아들이 단군왕검이고 단군왕검은 평양에 도읍을 정하고 나라의 이름을 고조선이라 하였다고 합니다.

　1934년 인도는 민족이 하나 되지 못한 채 영국의 지배하에서 신음하고 있었습니다. 이때 지도자 간디는 다음의 일곱 가지 요인을 들어 망국론을 피력했습니다.

첫째, 원칙 없는 정치
둘째, 도덕 없는 상업
셋째, 노동 없는 재물
넷째, 인격 없는 교육
다섯째, 인간성 없는 과학
여섯째, 양심 없는 쾌락
일곱째, 희생 없는 신앙이 그것입니다.

그는 이것들이 나라를 망친다고 했습니다. 삶의 전 영역에 걸친 그의 이 같은 탁월한 분석과 비판은 그가 얼마나 위대한 지도자였는가를 알 수 있게 하는 대목입니다. 간디의 예리한 통찰력은 긴 역사의 안목으로 바라본 것임을 알 수 있습니다. 오늘 우리 민족의 살길은 과연 어디에 있을까요?

● 경제가 회생되어야 민족이 바로 사는 길입니다

저는 며칠 전 방송과 신문을 통해 우리 사회의 슬픈 자화상에 대한 보도를 접했습니다. 지난해 하루 평균 30명이 자살하는 등 자살률이 사상 최고치를 기록했고 암으로 인한 사망자는 인구 4명 중 1명꼴이었고 인구 10만 명 중 자살자는 24명으로 IMF 사태 직후 1998년의 19.9명보다 4명이나 늘었으며 충격적인 것은 20-30대의 자살률이 급증했다는 보도입니다.

자살은 20-30대의 사망 원인의 1위를 차지하고 있다는데 심각한 문제가 있습니다.

통계청 관계자는 부도와 실직이 넘쳐났던 IMF 위기 당시 자살률이 급증했던 전례를 비춰볼 때 최근의 경제 위기와 가정파멸 사회지도층의 자살 등 생명경시 풍조가 영향을 미친 것으로 분석하고 있습니다. 그 1위가 경제위기가 주범이라는 것입니다.

2005년 예산이 208조라는데 나라 빚은 IMF 때보다 4배나 증가했다고 합니다. 나라 경제가 언제 파탄이 올지 염려되는 상황입니다. 이런 국가적 현실을 보고 오늘 크리스천에게 다시금 자신을 돌아보게 만드는 대목이 아닐 수 없습니다.

간디가 말한 일곱 가지 망국론 그것은 우리 시대를 향해 경고하는 바가 자못 큽니다. 우리 사회와 국가가 이 혼란한 시대를 굳게 딛고 서기 위해서는 바른 정도를 택하는 수밖에 달리 없습니다. 이제 간디의 망국론을 딛고 "흥국론"으로 발을 내디딜 때입니다. 그 부정을 긍정적으로 옮겨야 합니다. 거기엔 분명 기독교회와 크리스천이 담당해야 할 큰 역할이 주어져 있습니다.

오늘 우리는 세상에 사는 동안 사람은 먹어야 합니다. 밥이건 떡이건 빵이건 먹지 않고는 생명을 유지 할 수 없습니다. '경제'라고 하면 매우 어렵게 들리지만 '먹고 사는 일'이라고 하면 누구나 알아들을 수 있습니다.

그러므로 인간에게 있어서 가장 심각한 문제는 굶는 일이고 '사흘 굶으면 도둑질 안하는 놈이 없다'라는 속담은 도덕이니 윤리니 하는 것도 밥을 먹고 나서야 문제 삼을 수 있다는 뜻으로 풀이가 됩니다. 하루 이틀 굶어서 그게 문제가 되지는 않겠지만 여러 날 굶으면 영양부족으로 병이 나기도하고 더 오래 굶으면 죽을 수밖에 없는 것이 사람입니다.

물론 다른 동물들도 다 그렇지만 사람도 예외는 아닙니다. 우리는 신문, 방송을 통하여 아프리카나 아랍세계나 동남아 도처와 이북의 동포들 중 굶어 죽는 사람들이 많다는 사실을 잘 알고 있습니다.

왜 그런 비참한 현상이 벌어지는가 하면 물론 천재지변 때문에 어쩔 수 없는 경우도 있겠지만 대개는 정치가 잘못 되었기 때문에 그런 비극이 벌어지는 것입니다.

권력을 장악한 자들이 독재하거나 국민의 인권을 탄압하고 유린하는 나라에서 벌어지는 일입니다. 한마디로 하자면 자유가 없는 나라에서는 아무리 경제 발전의 청사진을 내 보여도 국민 삶의 질은 저하되기 마련입니다.

● 자유가 보장되어야 민족이 바로 사는 길이다

역사적으로 볼 때 김일성 부자가 대를 이어가며 과거 60년 가까이 쇠몽둥이로 죄 없는 백성을 가혹한 통치를 일삼은 북한에서는 황장엽 씨도 증언했지만 이미 300만의 동포가 굶어 죽었다고 합니다.

자유가 없는 곳에서는 평등이 말 뿐이지 있을 수 없습니다. 오늘도 김정일에게 충성을 다하는 자들만이 잘 먹고 잘 산다는 것은 세상이 다 아는 사실입니다. 김동길 교수의 강의 내용을 인용하면 오늘날 대한민국의 경제가 나쁜 것은 정치가 나쁘기 때문입니다. 이 나라의 IMF의 한파가 몰아친 것은 김영삼 대통령이 정권 말기에 정치를 잘못했기 때문이고 그 위기를 극복하고 잠시 반짝하다가 그 이전보다도 훨씬 어려운 경제 사정이 벌어진 것은 김대중 대통령이 포용정책이니 햇볕정책이니 하는 터무니없는 일로 북의 김정일을 껴

안겠다고 큰 소리 치다가 벌어진 참극이라 할 수 있습니다.

　김대중 대통령은 북을 경제적으로 도와야 한다면서 정주영 씨의 현대를 통하여 얼마나 많은 외화를 김정일에게 보냈냈습니까? 그것이 5억 달러인지 7억 달러인지 아직도 판명이 되지 않았고 일전에 김대중 대통령이 스스로 고백한 바에 의하면 "잘사는 형이 못사는 동생을 빈손으로 찾아 갈수 없어서 1억 달러를 김정일에게 가져다 주었다."라고 하였으니 참으로 괴롭고 답답한 일입니다.

　국민의 혈세를 마음대로 불의 독재자에게 가져다 준 것은 어떤 의미에서 대한민국을 모독하는 일이고 이 나라의 경제를 망치는 일이고 세계평화를 불가능하게 만든 매우 고약한 처사가 아니였습니까?

　김대중 대통령의 계승자 노무현은 한술 더 떠서 공산당이 정식으로 허용되는 그런 나라가 되었으면 좋겠다는 등 위험한 발상을 털어놓았을 뿐만 아니라 "시대에 뒤떨어진 국가보안법은 폐지해야 마땅하다는 등 대한민국의 대통령으로서는 감히 할 수 없는 말을 공공연하게 말하고 있으니 이 나라가 평안할 리가 없다"고 강력하게 말씀하는 것을 들었습니다.

　사랑하는 성도 여러분, 적화통일이 되면 먼저 죽임을 당할 사람들이 누구인지 아십니까? 예수님을 믿는 사람들입니다. 크리스천은 자유가 있어야 살고 독재자는 자유가 없어야 합니다.

　요한복음 8장 32절에 "진리를 알찌니 진리가 너희를 자유케 하리라"는 주님의 가르침과 같이 자유가 있을 때 민족이 바로 사는 길입니다.

10
믿음의 이력서

··· 그는 네 생명이시요 네 장수이시니 여호와께서 네 조상 아브라함과 이삭과
야곱에게 주리라고 맹세하신 땅에 네가 거주하리라
신명기 30:19-20

이력서는 그 사람의 대변자와 같습니다. 그 사람의 본적지와 현주소를 알 수 있고 어느 학교 출신이며 그 동안 무엇을 위해 일했으며 지금은 무얼 하고 있는지 한눈에 볼 수 있는 자기 소개서입니다.

본문에서는 "믿음의 이력서"에 관해서 말해주고 있습니다. 어떻게 사는 것이 믿음으로 사는 것인가를 말씀해 주시고 있습니다.

"내가 오늘날 천지를 불러서 너희에게 증거를 삼노라"고 했습니다. 천지를 불러 증거를 삼는 믿음의 이력서가 될 수 있는 일은 무엇일까요?

● 선택의 생활은 믿음의 이력서입니다 (19)

"내가 생명과 사망과 복과 저주를 네 앞에 두었은즉"

다니엘의 세 친구는 본래가 귀족 출신입니다. 바벨론의 침략으로 나라가 망하면서 그 가정들은 하루 아침에 몰락했습니다. 그리고 그 소년들은 바벨론의 포로가 되었습니다. 그들은 왕의 마음에 들어 바벨론 도시의 지방 장관이 되었습니다. 이때 느브갓네살 왕이 두라평지에 금신상을 세워놓고 백성들로 하여금 절하게 하였으나 세 친구는 절하지 아니하고 일곱 배나 더 뜨거운 풀무불에 던짐을 받았습니다.

하나님의 기적적인 도우심으로 살아났고 더 높은 자리를 얻게 되었습니다. 그들은 죽으나 사나 하나님 편이었고 영생의 길을 택한 결과였습니다. 본문에서도 믿는 사람은 생명과 복의 길을 택하라고 권고합니다. 믿는 사람이 선택한 생활에서 그 사람의 믿음을 볼 수 있는 믿음의 이력서가 됩니다.

19절 말씀을 보면 "내가 생명과 사망과 복과 저주를 네 앞에 두었은즉 너와 네 자손이 살기 위하여 생명을 택하고"라고 했습니다.

우리가 선택해야 할 일은 생명의 길과 복받는 길이라고 했습니다. 그 이유는 너와 네 자손이 살기 위해서라고 했습니다. 생명을 택하고 복 있는 길을 택하는 것은 믿음이 있어야 합니다.

요한복음 3장 16절에 "하나님이 세상을 이처럼 사랑하사 독생자를 주셨으니 이는 저를 믿는 자마다 멸망치 않고 영생을 얻게 하려 하심이라"고 했습니다. 예수 그리스도를 내 구주로 믿기로 선택한 자에게는 멸망치 않고 영생을 얻는다고 했습니다.

시편 1장 1절에서는 복 있는 사람에 대하여 말씀하고 있습니다. "복 있는 자는 악인의 꾀를 쫓지 아니하며 죄인의 길에 서지 아니하며 오만한 자의 자리에 앉지 아니한다"고 했습니다. 선택할 것은 "오직 여호와의 율법을 즐거워하며 그 율법을 주야로 묵상하는 자"라고 했습니다. 믿음으로 선택을 잘 한 사람에게는 복이 있습니다.

● 사랑의 생활이 믿음의 이력서입니다(20상)

"네 하나님 여호와를 사랑하고"

부활하신 예수님은 갈릴리 바닷가에서 제자들을 만났습니다. 이때 주님은 베드로에게 "요한의 아들 시몬아 네가 이 사람들보다 나를 더 사랑하느냐"고 물었습니다. 그 뜻은 다른 제자들이 나를 사랑하는 것보다 나를 더 사랑하느냐는 뜻입니다. 그리고 이 사람들이라는 말은 이것들이라고 번역해도 되는 말이기에 네가 가진 모든 재물보다 나를 더 사랑하느냐는 뜻이 되기도 합니다. 이처럼 주님은 무엇보다 더 사랑해 주기를 원하십니다.

본문에서도 네 하나님 여호와를 사랑하라고 하였습니다. 마음과 뜻과 목숨을 다해서 사랑해야 합니다. 하나님 사랑의 생활이 우리의 믿음의 이력서가 됩니다. 사랑의 대상자는 많이 있습니다. 가족이 될 수 있고 이웃이 될 수도 있으며 애인이 될 수도 있습니다. 또는 돈을 사랑하고 권력을 사랑하며 명예를 좋아하는 사람도 있습니다. 본문에서는 사랑의 대상자를 "여호와 하나님"이라고 말하고 있습니다. 하나님을 사랑하는 방법은 "네 마음을 다하고 성품을 다하고 힘을 다하여 주 너희 하나님을 사랑하라"고 했습니다. 하나님 사랑하는 삶을 사는 것이 믿음의 삶입니다.

● 집착의 생활이 믿음의 이력서입니다(20하)

"그 말씀을 순종하며 또 그에게 부종하라"

소돔성을 탈출할 때 뒤를 돌아보지 말라는 하나님의 말씀을 도외시하고 챙기지 못한 재물의 미련을 버리지 못하여 뒤를 돌아다 본 롯의 처는 소금 기둥이 되었습니다. 즉 하나님의 말씀보다 재물에 집착하다가 부끄러운 멸망을 당했습니다. 사람은 무엇을 집착하느냐가 이처럼 중요합니다.

본문을 살펴보면 하나님의 말씀에 순종하고 하나님께 부종하라고 하였습니다. 부종이라는 말은 집착하라는 뜻을 갖고 있습니다. 그러므로 성도는 하나님과 그 말씀에 집착해야 합니다. 사도 바울은 말씀에 집착하다보니 말씀에 붙잡혔습니다(행 18:5). 사람이 무엇에 집착하는지를 보면 믿음을 알게 됩니다.

본문에서 "그에게 부종하라"는 하나님의 말씀에 집착해서 사는 생활을 의미하고 있습니다. 하나님은 생명이시오 장수시며 땅을 기업으로 받는 축복을 주십니다. 생명은 영혼의 축복이고 장수는 육신의 축복이며 기업은 물질의 축복을 의미합니다. 우리는 일생을 통해서 믿음의 이력서를 잘 써야 합니다. 믿음을 선택하고 하나님을 사랑하며 하나님의 말씀에 부종하면 큰 축복을 받을 수 있습니다.

11
믿음의 단계

그러므로 모든 악독과 모든 기만과 외식과 시기와 모든 비방하는 말을 버리고
갓난 아기들 같이 순전하고 신령한 젖을 사모하라 이는 그로 말미암아
너희로 구원에 이르도록 자라게 하려 함이라 너희가 주의 인자하심을 맛보았으면 그리하라
사람에게는 버린 바가 되었으나 하나님께는 택하심을 입은 보배로운 산 돌이신
예수께 나아가 너희도 산 돌 같이 신령한 집으로 세워지고 예수 그리스도로 말미암아
하나님이 기쁘게 받으실 신령한 제사를 드릴 거룩한 제사장이 될지니라
베드로전서 2:1-5

사람이 살아가는 과정에서 성장하는 단계가 있고 발전하는 단계가 있습니다.

배움의 과정에도 초등학교에서 중학교로 중학교에서 고등학교로 고등학교에서 대학교로 그 단계를 거쳐서 배움의 길을 걷고 자신이 성장하고 성숙한 사람이 되어 갑니다.

기업도 발전단계가 1단계에서 2단계 2단계에서 3단계로 발전하여 나가므로 기업의 뿌리가 내리고 발전해 가며 큰 기업으로 성공하게 되는 것입니다.

믿음생활에도 그 단계가 있습니다. 초신자의 단계에서 학습세례교인으로 제직의 단계를 거쳐 중직자의 위치에 세움 받아 봉사할 때까지 그 신앙이 성장하는 단계가 있습니다. 믿음의 단계는 어떤 단계가 있는지 살펴 봅시다.

◉ 첫째 단계는 버리는 믿음의 단계입니다(1)

"모든 악독과 모든 궤휼과 외식과 시기와 모든 비방하는 말을 버리고"

소돔성을 탈출하던 롯의 가정은 구원 얻고도 불행했습니다. 그의 아내가 뒤를 돌아보다가 소금 기둥이 되었기 때문입니다. 그녀는 재물에 대한 미련을 버리지 못했기 때문입니다. 아브라함은 깨끗이 포기하고 승리했습니다. 바울은 예수님을 만난 다음 모든 것을 배설물처럼 버렸습니다. 오늘의 본문을 보면 베드로는 모든 악독과 모든 궤휼과 외식과 시기와 모든 비방하는 말을 버리라고 했습니다. 이 모든 것들은 믿음에 치명상을 주는 것들이기에 버릴수록 좋습니다.

첫째, 악독을 벗어 버리라 했습니다. 여기서 악독이라 함은 이웃을 해하려는 악한 마음과 그 마음에서 비롯되는 모든 악행을 총괄하는 말입니다. 특별히 이 "카키아"는 의와 생경 되신 그리스도를 그 마음에 모시지 못한 불신자의 모든 죄와 악을 지칭한다고 볼 수 있습니다. 거듭난 성도는 추한 악독을 단호히 그리고 철저히 제거함으로써 거룩한 생활의 기틀을 다져가야 할 것입니다.

둘째, 궤휼을 벗어 버리라 했습니다. 여기서 궤휼은 안팎이 다른 이중인격자들의 소행을 가리키는 말로서 겉으로는 자신을 선하게 포장하면서 속으로는 타인을 음해하려고 온갖 악을 도모하는 악행을 뜻합니다. 정녕 오직 자기 사랑에 심취되어 자기목적 성취를 위해 거짓과 아첨과 간사함으로써 형제를 속이는 자가 어찌 거룩하고 신실한 하나님 앞에 설 수 있겠습니까?

셋째, 외식을 벗어 버리라 했습니다. 여기서 외식이라 함은 예수 그리스도께서 가장 크게 책망하신 죄악중의 하나로서 '위선'이라는 말로 번역 될 수 있습니다. 외식이란 원래 무대에서 연기하는 배우가 항상 본래의 자기를 뒤에 숨기고 자기 자신과는 상관없는 배역상의 인물을 표현하는 것을 말합니다.

마찬가지로 외식하고 위선하는 자들은 종교적인 일에 있어서 거짓 경건을 일삼고 사회적인 일에 있어서 거짓 친교와 거짓 웃음으로 일관 합니다. 위선자, 외식자는 그 삶 자체가 거짓입니다. 이 같은 거짓된 삶으로서는 결단코 참 사랑과 참 경건에 이를 수 없습니다.

넷째, 시기를 벗어버리라 했습니다. 시기는 자기 사랑 혹은 자기 우월감이 빚어낸 감정으로서 자기 이외의 타인의 번영과 행복을 한탄하고 질투하는 것을 가리킵니다.

다섯째, 비방하는 말을 버리라 했습니다. 비방은 원래 무엇에 반대하여 말을 한다는 뜻으로 결국 상대방에게 적의를 풀고 나쁜 말하는 것을 가리킵니다. 다시 말하면 마음에 빚어진 악의와 시기심으로 인해 타인을 헐뜯고 비난, 중상하며 상대방의 인격과 명예를 손상시키는 것을 뜻합니다. 진정 하나님 사랑과 형제 사랑이라는 거룩한 2대 의무를 수행해 가야하는 성도에게 형제의 인격에 손상을 입히고 온 공동체에 분열을 일으키는 악행은 철저히 배제되어야 마땅합니다.

믿음의 첫 단계는 이처럼 버리는 것입니다. 버리는데서 믿음은 출발합니다.

● 둘째 단계는 사모하는 믿음의 단계입니다(2상)

"갓난아이들 같이 순전하고 신령한 젖을 사모하라"

고라자손은 "하나님이여 사슴이 시냇물을 찾기에 갈급함 같이 내 영혼이 주를 찾기에 갈급하나이다"라고 외쳤습니다. 그들은 자기들의 조상 '고라'가 하나님을 멀리하고 반역하다가 불행해진 모습을 보고 듣고 배운바가 너무 많았습니다. "우리는 그러면 안된다"는 생각이 목마른 사슴이 시냇물을 찾는 것처럼 하나님을 찾았습니다.

즉 사모했습니다. 본문을 살펴보면 베드로 사도는 흩어진 나그네들에 "갓난아이들 같이 순전하고 신령한 젖을 사모하라"고 하였습니다.

신령한 젖이란 '말씀의 젖'(1:23)을 가리킵니다. 이 신령한 젖은 새로 거듭나 영적으로 갓난아이에 불과한 한 인격에게 영적으로 필요한 자양분을 가리킵니다. 이 신령한 젖은 그것을 먹는 자로 하여금 그 마음이 자라도록 그 영혼이 성숙하도록 하였습니다.

그리스도의 장성한 분량에 까지 이르게 합니다. 실로 성도는 오직 이 신령한 젖으로만 장성할 수 있으며 마침내 완전한 구원에 이를 수도 있습니다.

사모하는 만큼 은혜를 받습니다. 버리는 단계에서 사모하는 단계에 들어가야 합니다.

● 셋째 단계는 봉사하는 믿음의 단계입니다(4)

"신령한 제사를 드릴 거룩한 제사장이 될지니라"

예수님께서 유월절을 지키기 위하여 예루살렘에 올라온 헬라파 유대인들에게 "사람이 나를 섬기면 내 아버지께서 저를 귀히 여기시리라"고 하셨습니다.

하나님은 누구나 똑같이 사랑하거나 귀히 여기시지 않습니다. 봉사하는 일꾼을 사랑하고 귀히 여기십니다. 팔짱을 낀 구경꾼을 귀히 여기실 이유가 없습니다.

본문의 가르침을 보면 "예수 그리스도로 말미암아 하나님이 기쁘게 받으실 신령한 제사드릴 거룩한 제사장이 될지니라"고 하였습니다. 즉 제사장으로서의 봉사를 의미합니다.

봉사하는 믿음이 성숙한 단계에 이른 믿음입니다. 구약시대에 이스라엘을 선민으로 삼으신 하나님께서는 그 백성 가운데 임재하사 그들과 교제하셨습니다.

즉 하나님께서는 거룩한 성막을 당신의 지상 거처로 삼으시고 특별히 성별한 제사장을 중보자로 세워 이스라엘과 교제하셨던 것입니다. 그러므로 구약시대의 이스라엘 백성들은 희생제물을 가지고 제사장을 통하여 성막 안에서만 하나님과 교제할 수 있었습니다. 제사장 이외의 그 누구도 감히 성막의 성소 안으로 들어가 봉사 할 수 없었습니다.

본문에서 말한 제사장으로서의 봉사하는 믿음은 최고의 단계요 최상의 단계였습니다. 말씀을 정리하겠습니다.

믿는 성도의 믿음의 단계는 계속적으로 성장해야 합니다. 버리는 믿음에서 사모하는 믿음으로, 사모하는 믿음에서 봉사하는 믿음으로 성장해야 합니다. 그리하여야 하나님이 사랑하시고 귀히 여기심 받는 인물이 됩니다.

12

모본이 된 신앙

... 이 말을 한 후 무릎을 꿇고 그 모든 사람들과 함께 기도하니
다 크게 울며 바울의 목을 안고 입을 맞추고
다시 그 얼굴을 보지 못하리라 한 말로 말미암아 더욱 근심하고 배에까지 그를 전송하니라
사도행전 20:33-38

 모본이 된다는 것은 쉬운 것이 아닙니다. 생활의 모본, 말의 모본, 행실의 모본이 되는 경우들도 있고 신앙의 모본이 되는 경우가 있습니다. 아브라함의 믿음, 이삭의 믿음. 욥의 믿음 등이 모본이 되었습니다.

본문은 드로아에서 부흥집회를 통해 큰 은혜를 끼친 바울이 신앙의 모본을 보였습니다. 무엇이 모본이 되었는가?

● 생활의 모본이 되었습니다 (33-35상)

사람의 생활 속에 믿음이 나타나고 인격이 반영됩니다. 그러므로 그 사람의 생활을 보면 그 삶의 전부를 알 수 있습니다.

생활이 병든 사람은 그의 믿음이 병들었고 인격이 병들었다는 뜻입니다. 그 반대로 생활에서 모본을 보인 사람은 역시 그 사람의 모든 면에서 본받을 만한 사람입니다.

오늘의 본문에서 바울은 생활의 모본을 보여주고 있습니다. 그는 "범사에 너희에게 모본을 보였노니"라고 하였는데 범사는 생활을 의미합니다.

첫째는, 그는 탐내지 않는 생활의 모본을 보여주고 있습니다. 즉 그 누구의 은이나 금이나 의복을 탐하지 않았습니다.

둘째는, 수고하는 생활의 모본을 보여 주었습니다. 수고 없는 생활은 불한당의 생활입니다.

셋째는, 돕는 생활의 모본을 보여 주었습니다. 즉 약한 사람들을 도왔습니다. 우리도 바울처럼 생활에서 모본을 보여 주어야 하겠습니다. 바울의 믿음은 '겸손과 눈물 그리고 인내'로써 시험을 참는 믿음이었습니다.

사도 바울의 제일 되는 전도사역 방침은 주의 복음을 널리 전하며 주를 섬기기 위해 겸손과 눈물과 인내로써 시험을 참는 것이었습니다. 즉 바울은 복음을 전하되 주장하는 자의 자세로 하지 아니하며 제자들의 발을 손수 씻기신 그리스도의 겸손을 본받는 자세로 복음을 선포하였습니다.

자신을 낮추신 그리스도의 겸손을 생각할 때 바울은 감히 이런 주님의 겸손 앞에 그 저 겸허히 무릎을 꿇을 수밖에 없었던 것입니다(빌 2:1-2). 뿐만 아니라 사도 바울은 눈물로써 주의 복음을 전파하였습니다.

그러나 이 눈물은 복음전도로 인해 당하는 고통의 눈물이 아니었습니다. 즉 바울의 눈물은 연약한 성도들을 염려하여 근심하는 어버이로서의 애틋한 사랑의 눈물이며 연약한 교회가 복음을 지키고 굳건히 서기를 간절히 사모하는 거룩한 눈물이었던 것입니다.

● 믿음의 모본을 보였습니다(35하)

사람은 말씀과의 관계 설정을 어떻게 하느냐에 따라서 그 믿음이 전혀 달라집니다. 본래 말씀은 하나이지만 흔히 세 가지로 나누어 말합니다. 즉 로고스로서의 말씀과 기록된 말씀과 선포되는 말씀입니다. 이 말씀에 대한 자세를 바로 가질 때 신앙은 가장 건전해지는 법입니다. 그런데 사도 바울은 믿음의 모본을 세 가지로 보여주고 있습니다.

첫째는 말씀을 듣는 믿음이었습니다. 그래서 그는 본문에서 주 예수의 친히 말씀하시기를 바라고 하였습니다.
둘째는 말씀을 깨닫는 믿음이었습니다. 즉 주는 것이 받는 것보다 복이 있다는 진리를 깨달았습니다.
셋째는 말씀을 오래 기억하는 믿음이었습니다. 말씀을 오래 기억하되 많이 기억하는 것을 말씀충만이라고 합니다. 말씀에 붙잡힌 믿음이어야 합니다(행 18:5).

사도 바울이 에베소에서 전한 복음의 내용은 두 가지로 요약됩니다. 첫째, 하나님께 대한 회개를 촉구하였습니다. 둘째, 주 예수 그리스도께 대한 믿음을 증거하였습니다. 회개와 믿음은 모든 복음 전도자의 주된 복음의 메시지이기도 합니다.

이 복음을 전하며 사도 바울은 믿음의 모본을 보였습니다.

● 기도의 모본이었습니다(36-38)

사무엘 선지자는 기도하지 않는 것을 죄라고 하였습니다(삼상 12:23). 그래서 기도는 해도 되고 안 해도 되는 것이 아닙니다. 다니엘은 정시에 기도하여 죽음의 고비에서도 승리하였습니다(단 6:12). 사도 바울은 무시로 기도하였습니다(엡 6:18).

본문에서 사도 바울은 기도 생활의 모본을 보여주고 있습니다.

첫째는, 말씀이 열매 맺기 위하여 기도했습니다. "이 말을 한 후에" 기도했다는 것은 설교 끝에 기도한 것으로 설교의 말씀의 결실을 위함이었습니다.

둘째는, 간절히 기도하였습니다. 무릎을 꿇고 기도하였다는 말씀이 목숨을 건 기도였다는 뜻입니다.

셋째는, 합심하여 기도했습니다. 즉 저희 모든 사람과 함께 기도하였습니다. 이처럼 사도 바울은 기도의 모본을 보여주었습니다. 이 모본을 따라 기도생활로 승리하시기를 바랍니다.

말씀을 정리하겠습니다. 바울은 복음전파를 위해 필사의 각오로 노력하였습니다. 복음전도자로 나선 바울은 고통에 결코 두려워하지 않고 전도하는 일에 매진하였습니다. 그가 보인 모본은 생활의 모본이 되었고 믿음의 모본이 되었으며 기도의 모본이 되었습니다.

13
위기에 몰렸을 때

이튿날 이스라엘 자손의 온 회중이 모세와 아론을 원망하여 이르되
너희가 여호와의 백성을 죽였도다 하고
회중이 모여 모세와 아론을 칠 때에 회막을 바라본즉 구름이 회막을 덮었고
여호와의 영광이 나타났더라…
민수기 16:41-50

일생을 검은 대륙, 아프리카에서 선교사로 몸 바친 리빙스턴이 아프리카로 향해 출발하려고 할 때였습니다. 그 때 그의 가까운 친구들이 몹시도 말렸습니다. 도대체 일부러 고생을 사서 할 필요가 있느냐는 것이었습니다. 주의 일은 그곳이 아니더라도 얼마든지 할 곳이 많은데 왜 하필이면 식인종들이 우글거리는 그 곳으로 가야 하는지를 물으며 그를 부지런히 말렸습니다.

그래서 리빙스턴은 마음속으로 많은 번민을 하게 되었습니다. 그러나 기도하는 가운데 그에게 들려오는 세미한 음성이 있었습니다.

"리빙스턴아! 나는 너를 위하여 이 높고 높은 별을 지나 그 낮고 낮은 땅으로 내려갔는데 그래 너는 그다지 멀지도 않은 그 곳으로 가는데 그렇게 주저한단 말이냐? 가라! 내가 너와 함께 하리라!"

이 음성을 듣게 된 리빙스턴은 분연히 일어섰습니다.

"그렇다. 주님께서는 나를 살리시기 위하여 저 높은 별을 지나 이 낮고 낮은 땅 위에 오셨는데 내가 그것을 생각한다면 어디든 못 가리요. 또 주께서 나와 함께 하신다고 약속하셨는데 내가 무엇을 두려워 하리요!"

그리고는 담대하게 나아가서 평생을 아프리카 대륙에서 복음을 전하는 일에 헌신했습니다. 그 결과 그로 인해서 그 검은 대륙에 놀라운 역사가 일어나게 된 것을 우리가 잘 알고 있습니다. 위의 이야기는 리빙스턴이 위기에 처한 아프리카선교를 떠나려 할 때 주님이 함께 함을 믿고 분연히 떠나 "아프리카의 등불"이 되었다는 말입니다.

● 위기에는 하나님을 바라보아야 합니다(41-42)

"회중이 모여 모세와 아론을 칠 때에 회막을 바라본즉 구름이 회막
을 덮었고 여호와의 영광이 나타났더라"(42)

출애굽한 이스라엘이 광야 생활을 하는 중에 고라를 중심으로 작당한 250명이 모세를 대적했습니다. 모세를 대적한 것은 결국 하나님을 대적한 것입니다. 그 이유는 하나님이 모세를 세우셨기 때문입니다. 이때 하나님께서 개입하사 그들을 정리하셨습니다.

본문을 보면 고라당파와 죽음을 이유로 온 회중이 모세와 아론에게 달려들어 돌로 치는 상황이 벌어졌습니다. 오랜 종살이로 불평불만에 이골이 난 백성들의 폭동은 걷잡을 수가 없었습니다. 모세

와 아론이 속수무책으로 위기에 몰렸을 때 그들은 오직 하나님만을 바라보았습니다.

하나님만 의지하였습니다. 하나님이 영광으로 나타나 해결해 주셨습니다. 위기에 몰렸을 때에는 하나님을 바라보아야 합니다. 하나님을 바라보며 나가면 "때가 이르게 될 때" 거두게 됩니다. 한 해를 돌아보면 삶 속에서 좋은 열매를 거두기도 했지만, 익어가다 바람에 떨어진 적도 있고, 꽃은 피었는데 열매 없는 것도 있고, 꽃마저 피지 않았던 적도 있었습니다.

그런데 열매를 거두는 기쁨을 얻기까지는 꼭 필요한 것이 있습니다. 그것은 말씀 "선을 행하되 낙심하지 아니한 결과"입니다. 신앙의 선한 열매나 생활의 아름다운 성공의 열매, 이것은 선한 노력 혹은 선한 경주가 없이는 얻을 수 없습니다. 그러나 걱정하지 마십시오. 당신의 자녀를 좋은 길로 인도하시는 하나님께서 풍요로운 열매를 거두게 하실 것입니다. 하나님은 우리의 범사가 형통하게 되기를 바라시는 좋으신 아버지이기 때문입니다.

● 위기에는 함께 엎드려야만 합니다(43-46)

"내가 순식간에 그들을 멸하려 하노라 하시매 그 두 사람이 엎드리니라"(45)

여호사밧 왕 때 모압자손과 암몬자손과 에돔자손이 연합하여 유다를 침공 하였습니다. 유다로서는 불가항력인지라 여호사밧 왕을 위시하여 온 국민이 함께 하나님 앞에 간구하였습니다. 그날 밤에 침략군 내부에서 내분이 일어나 서로 죽이므로 자멸하고 말았습니다. 위기에 몰렸을 때 유다백성은 하나같이 모두 다 함께 하나님 앞에 엎드려 도움을 간구하여 승리하였습니다.

본문을 보면 모세와 아론은 자손들이 위기에 몰렸을 때 함께 하나님 앞에 엎드려 말씀을 들었습니다. 결과적으로 민족이 멸망의 위기에 처했음을 알았습니다. 이때 모세는 아론으로 속죄제를 드리게 하므로 위기를 넘겼습니다.

성도는 위기에 몰렸을 때 하나님 앞에 함께 엎드려야 합니다. 위기에 처할 때 하나님께 기도하면 문제가 해결되고 좋은 결과를 얻습니다. 누가복음 18장 1절 보면 "항상 기도하고 낙망치 말아야 할 것을 저희에게 비유로" 말씀하셨다고 합니다. 위기에 처해도 낙망하지 않고 하나님께 나아가 기도하면 이루어 주십니다.

● 위기 때에는 문제 속으로 달려가야 합니다

"아론이 모세의 명을 쫓아 향로를 가지고 회중에게로 달려간즉…"(47)

광야생활을 끝낸 이스라엘이 가나안을 향해 행진할 때 요단강이 가로막고 있었습니다. 요단강에 물이 넘치는 시기였기에 큰 문제였습니다. 하나님은 그 큰 문제를 피하라 하지 않으셨습니다. 큰 문제를 해결해 주신 다음에 건네게 하셨던 홍해의 경우와는 달랐습니다. 그 큰 문제 속으로 뛰어 들어가라고 하셨습니다. 결국은 요단강을 건널 수 있었습니다. 문제에 직면했을 때 피하지 말고 부딪치라는 뜻입니다. 그때 문제가 해결되는 법입니다.

본문을 보면 이스라엘 가운데 염병이 시작되어 걷잡을 수 없이 사람이 죽어갑니다. 아론은 향로를 들고 백성들 가운데로 뛰어들었습니다. 그 가운데서 속죄제를 드렸더니 염병이 그쳤습니다. 그 문제 속으로 뛰어들어야 합니다. 그것은 피하지 않고 정면 돌파한다는 말입니다. 피한다고 문제가 해결되지 않습니다. 정면 돌파하여 문제를 해결해야 합니다. 갈멜산상의 엘리야의 기도처럼 말입니다.

말씀을 정리하겠습니다.
사람이 살다보면 평탄할 때도 있고 위기에 처할 때도 있습니다. 위기에 몰렸을 때 하나님을 바라보아야 하고 하나님께 엎드려 기도해야 하며 문제 속으로 들어가 해답을 찾아야 합니다.

14
고통을 통해 주시는 은혜

여러 계시를 받은 것이 지극히 크므로 너무 자만하지 않게 하시려고
내 육체에 가시 곧 사탄의 사자를 주셨으니
이는 나를 쳐서 너무 자만하지 않게 하려 하심이라
이것이 내게서 떠나가게 하기 위하여 내가 세 번 주께 간구하였더니
나에게 이르시기를 내 은혜가 네게 족하도다
이는 내 능력이 약한 데서 온전하여짐이라 하신지라
그러므로 도리어 크게 기뻐함으로 나의 여러 약한 것들에 대하여 자랑하리니
이는 그리스도의 능력이 내게 머물게 하려 함이라
그러므로 내가 그리스도를 위하여 약한 것들과 능욕과 궁핍과 박해와 곤고를 기뻐하노니
이는 내가 약한 그 때에 강함이라
고린도후서 12:7-10

사람이 이 세상을 사는 동안 건강하고 평안하게 살 수 있다면 행복할 것입니다. 그러나 때로는 고통이 있고 슬픔이 있으며 괴로움도 있습니다.

그러나 고통이 당면한 현실에서 힘들고 어렵지만 지나고 보면 은혜로 다가오는 경우도 있습니다. 우리 신앙인들에게 닥쳐온 고통이 일시 견디기가 어렵고 몹시 서럽고 아파도 이 고통을 잘 참고 견디기만 하면 반드시 큰 유익을 주며 축복을 안겨다 줍니다.

◉ 고통은 우리로 하여금 교만하지 못하게 합니다(고후 12:7)

"내 육체에 가시 곧 사단의 사자를 주셨으니 이는 나를 쳐서 너무 자고하지 않게 하려 하심이니라"

우리 사람이란 다른 사람이 받지 못한 은혜를 받게 되면 자기가 잘나서 받은 줄 알고 교만해 지기가 쉬운 것입니다.

성경에 보면 "하나님은 교만한 자를 물리치시고 겸손한 자에게 은혜를 주신다"(약 4:6)고 했고 "사람의 마음의 교만은 패망의 선봉이요 겸손은 존귀의 앞잡이니라"(잠 18:12) 하였습니다. 그러므로 교만하다가 멸망을 당하지 않도록 하기 위해서 고통을 주어 겸손한 자리에서 은혜를 받고 존귀를 누리게 하기 위한 방편이라고 했습니다.

사도 바울은 하나님께 특별한 은총을 허락받았음에도 불구하고 그의 몸에 늘 고통의 그림자를 지니고 살았습니다.

바울 스스로 육체의 가시라고 표현했는데 이것은 사도 바울에게 자주 발생했던 육체의 질병을 가리키는 것으로 보여집니다. 이 육체의 질병이 구체적으로 어떤 것이었는지는 확실히 알 수 없지만 두통이나 안질 혹은 말라리아나 간질이었을 것으로 추측됩니다.

사도 바울은 일생동안 질병으로 인한 고통을 겪으며 살았는데 이것은 기도를 해도 제하여지지 않았습니다. 하지만 바울은 이 때문에 불평하거나 원망하지 않았습니다. 오히려 이 질병을 여러 가지 특별한 계시를 받은 자신이 교만하여지는 것을 막기 위해 하나님께서 주신 가시라고 여겼습니다. 자신을 엄습하는 고통을 통해서도 하나님의 뜻을 깨닫고 감사의 조건을 찾았습니다.

● 고통은 우리의 부족을 온전케 하여 줍니다 (고후 12:8-9)

"이는 그리스도의 능력으로 내게 머물게 하려 함이라"

우리 인간은 몸과 마음이 약하고 부족한 데가 많이 있습니다. 이 연약하고 부족한 것을 온전케 하는 방편으로 고통을 주는 수가 있다고 했습니다.

우리들이 신앙생활을 한다고 하지만 우리의 생각도 언행도, 행위도 부족한 데가 너무 많이 있습니다. 게으른 약점도 있고, 지나친 고집이나 형제에 대한 시기나 질투 선한 일에 협조하지 못하는 일등 약점을 많이 지니고 있습니다. 이와 같이 부족한 요소를 제거하고 온전해진 방편으로 고통을 통과해야 정금이 되는 것과 같이 환난과 고통의 용광로를 통해서 우리를 온전케 하신다는 말입니다.

사도 바울은 오랫 동안 간절히 기도했음에도 떠나지 않는 가시, 즉 그의 몸을 괴롭히는 몹쓸 질병이 하나님의 특별한 뜻에 의하여 그의 몸에 남겨져 있다는 사실을 깨달았습니다.

하나님께서 당신의 성도들에게 가시를 주시는 가장 큰 이유 가운데 하나는 온전케 하시기 위함입니다. 가시는 자칫 자만하고 게으르기 쉬운 인간을 경성시키는 역할을 합니다.

신앙적 가시를 통해 성도는 연약한 자신의 본 모습을 발견하고 스스로 채찍질하여 보다 성숙한 신앙인으로 발전해 가게 됩니다. 그러므로 고통은 우리의 부족함을 온전케 하여 주십니다.

● 고통은 환난 중에 있는 자를 위로할 수 있는 사랑의 사람이 되게 합니다(고후 1:4)

"우리의 모든 환난 중에서 우리를 위로하사 우리로 하여금 하나님께 받는 위로로써 모든 환난 중에 있는 자들을" 세상에는 "남의 폐병이 자기 감기만 못하다"는 말이 있듯이 자기가 고통을 당해 보아야 남의 고통을 이해하고 위로하며 사랑할 수 있는 사람이 되어질수 있다 말입니다. 신앙인의 고통은 겸손하게 하고 온전하게 하고 상한 사람이 되게 하고 사랑의 사람이 되게 하는 유익한 고통이라 하였습니다.

바울은 모든 환난 중에서 우리를 위로하사 우리로 하여금 하나님께 받는 위로로써 모든 환난 중에 있는 자들을 능히 위로케 하시는 분이신 하나님을 찬양하며 영광 돌리고 있습니다. 고통은 환난 중에 있는 자를 위로할 수 있는 사랑의 사람이 되게 하십니다.

15
변화의 능력자 예수님

… 예수께서 이르시되 그를 가만 두어 나의 장례할 날을 위하여 그것을 간직하게 하라
가난한 자들은 항상 너희와 함께 있거니와 나는 항상 있지 아니하리라 하시니라
유대인의 큰 무리가 예수께서 여기 계신 줄을 알고 오니 이는 예수만 보기 위함이 아니요
죽은 자 가운데서 살리신 나사로도 보려 함이러라
대제사장들이 나사로까지 죽이려고 모의하니
나사로 때문에 많은 유대인이 가서 예수를 믿음이러라
요한복음 12:1-11

본문은 예수님과 마리아와의 사이에서 이루어진 일입니다. 예수가 유월절 엿새 전에 다시 돌아온 베다니에서 이 사건은 발생하였습니다.

죽은 나사로가 다시 살아나자 나사로 남매의 집은 일대 잔치가 배설된 것입니다. 이 잔치는 순전히 예수님을 위하여 베풀어진 것이며 마르다는 분주히 잔치의 일을 보았고 살아난 나사로는 예수와 더불어 함께 앉아 있었습니다. 그런데 분주히 일을 하는 언니 마르다와는 달리 마리아는 예수님에게 독특한 행위를 하였습니다. 그녀는 지극히 비싼 향유, 곧 순전한 나드 한 근을 가져다가 예수의 발에 붓고는 자신의 머리털로 그 발을 씻기에 잔치집 안에 향유의 냄새가 가득하게 한 것입니다. 예수님은 변화의 능력자이십니다.

● 초상집이 변하여 잔치집이 되었습니다 (요 1-2)

"순전한 나드 한 근을 …발에 붓고 자기 머리털로 그의 발을 씻으니…"

베다니 나사로의 집은 주님이 즐겨 찾으시던 집입니다. 부모 없이 나사로와 두 여동생 마르다와 마리아가 살고 있는 가정이었습니다.

부모는 안 계셔도 나름대로 삼 남매는 예수님 믿고 재미있게 살던 가정입니다.

그런데 하늘같이 믿고 땅같이 의지했던 오빠 나사로의 죽음은 뿌리를 통째로 뽑아 버리는 듯한 아픔이었습니다. 이때 예수님이 찾아오셔서 나사로를 살려 주셨습니다. 너무 고마워서 동생들이 잔치를 베풀었다는 기록의 본문입니다. 나흘간이나 울고 있던 초상집이 변하여 잔치집이 되었습니다. 이게 다 예수님의 능력에 의지한 연고입니다.

베다니의 복된 삼 남매는 각기 다른 모습으로 그리스도의 잔치에 참예하였습니다. 죽었다 살아난 나사로는 예수님과 함께 잔칫상에 앉았습니다. 이러한 그의 모습은 그리스도의 신적능력을 웅변적으로 보여주는 그 자체가 복음증거였습니다. 이에 비해 마르다는 손의 수고를 통해 그리스도께 봉사하였습니다.

비록 그녀가 말씀을 제쳐두고 봉사에만 매달려 예수님께 책망 받은 일이 있지만 잔치 때마다 봉사하는 모습은 성도들의 은사가 각각 다름을 보여주는 것입니다. 그녀의 헌신적인 봉사가 있었기에 잔치는 기쁨 가운데 베풀어질 수 있었던 것입니다.

● 초상집이 변하여 기념하는 집이 되었습니다 (요 3-8)

"저를 가만두어 나의 장사할 날을 위하여 이를 두게 하라…"

사람이 세상을 살아가는 동안에 남의 동정을 받으면서 산다는 것은 불행한 일입니다.

그 이유는 불행한 사람이 동정을 받기 때문입니다. 물론 불행 중에도 동정을 받지 못하는 사람이 있기는 합니다. 아무튼 나사로의 죽음으로 슬픔에 빠진 마르다와 마리아를 많은 사람이 위로하며 동정하고 있었습니다. 그러나 그 집은 예수님 때문에 생기를 되찾았습니다. 감사의 잔치가 열리고 마리아가 향유를 예수님께 부어 드렸습니다. 구제를 핑계로 가룟 유다가 마리아를 책망 할 때는 예수님은 마리아의 일을 기념하겠다고 선언하셨습니다(마 26:12-13).

마리아는 나사로에게 새생명 주신 것을 감사했습니다. 마리아는 비싼 향유를 예수님의 발에 부은 것은 오빠에게 새생명을 주신데 대한 감사의 표시였습니다. 이 향유는 계산 빠른 가룟 유다의 말대로 삼백 데나리온이나 되는 엄청난 것이었습니다.

그러나 오빠의 생명에 비교한다면 그것은 결코 비싼 것일 수 없습니다. 최상의 것으로 이 향유를 선택하였음이 분명하였습니다. 그러므로 주님은 마리아의 일을 기념하겠다고 했습니다. 기념한다는 것은 쉽지 않은 것입니다. 초상집이 변하여 잔치집이 되는 행위를 한 마리아의 믿음을 기념하시겠다고 했습니다.

● 초상집이 변하여 전도하는 집이 되었습니다 (요 9-11)

> "이는 예수만 위함이 아니요 죽은 자 가운데서 살리신 나사로도 보려 함이러라"

나사로는 사도가 아닙니다. 그리고 장로도 아닙니다. 평신도일 뿐입니다. 그의 집에는 예수님 일행 이외에는 출입하는 사람도 별로 없는 외로운 집이었습니다. 문제는 예수님이 출입하시면 그 집은 잘되는 집입니다.

나사로가 다시 살아난 후에 많은 사람이 그 집에 가서 예수님을 믿게 되었습니다. 즉 평신도의 개인집이 변하여 선교하는 집, 선교센터가 되었습니다. 초상집이 변하여 전도하는 집이 되었습니다. 나사로 집이 잘된 것은 모두 다 예수님 덕분입니다.

예수님은 역사의 주인공이시고 변화의 능력자이십니다. 죽은 나사로를 살리심으로 초상집이 잔치집으로, 기념하는 믿음의 집으로 전도하는 집으로 되었습니다.

16
주일의 축복

…내 손과 발을 보고 나인 줄 알라 또 나를 만져 보라 영은 살과 뼈가 없으되
너희 보는 바와 같이 나는 있느니라
이 말씀을 하시고 손과 발을 보이시나…
누가복음 24:36-43

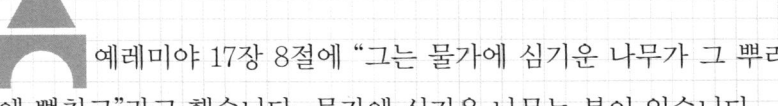

　예레미야 17장 8절에 "그는 물가에 심기운 나무가 그 뿌리에 뻗치고"라고 했습니다. 물가에 심기운 나무는 복이 있습니다.

　유다 백성의 죄는 금강석 끝 철필로 그들의 마음 판과 단(壇)뿔에 새겨질 정도로 너무나 분명하였습니다. 더구나 그들은 이러한 사정을 스스로 인정하면서도 자기들의 자녀들조차 우상숭배의 죄로 오염시켰습니다. 이에 하나님은 그들의 죄악을 묵과하지 않으시고 반드시 심판하실 것이라고 하셨습니다. 사람을 의지하는 자는 사막의 떨기나무와 같습니다.

　유다의 지도자들은 하나님을 떠나 우상숭배를 자행할 뿐더러 자기들의 권력을 믿고 강포를 행하였습니다. 그 결과, 당시 유다 사회에는 공의가 사라지고 불의가 판을 치고 있었습니다. 그러나 하나님은 사람을 의지하고 악을 행하는 그들이 사막의 떨기나무와 같이

저주받은 운명에 처하게 될 것이라고 하셨습니다. 하나님을 의지하는 자는 물가에 심기운 나무와 같습니다.

하나님은 악인에게는 심판을 내리시나 의인에게는 복을 내리십니다. 의인은 마치 물가에 심기운 나무가 가뭄에도 불구하고 잎이 마르지 않고 열매를 맺듯이 무서운 시련이 다가올지라도 묵묵히 이겨냅니다. 그런즉 우리는 언제나 하나님을 의지함으로 하나님의 인정을 받는 성도가 되도록 합시다.

○ 주일의 축복은 평강의 축복이 있습니다(눅 36)

"너희에게 평강이 있을지어다"

천지를 창조하신 하나님은 일곱째 날을 복 주사 거룩하게 하셨습니다. 즉 안식일은 복 주시는 날이었습니다. 그런데 안식일의 완성이 주일이기 때문에 주일은 복 주시는 날이라 해도 좋겠습니다. 주님이 부활하신 주일 새벽에 막달라 마리아가 예수님을 만나 뵈었고 뒤이어 베드로와 요한이 만나 보았습니다.

두 제자는 슬퍼하며 고향 엠마오로 가다가 역시 예수님을 만나 뵙고 예루살렘에 돌아가니 그날 즉 주일 저녁 때였습니다. 제자들이 유대인을 두려워하여 모인 곳의 문을 닫고 있었습니다. 엠마오의 두 제자가 합류하여 간증을 하였습니다. 이때 주님이 가운데 나타나셔서 "평강이 있을지어다"라고 축복하셨습니다. 그들은 주일 저녁에 모였다가 주의 평강의 축복을 받았습니다.

성경의 원리대로 살 때 평강의 축복이 있습니다.

주일의 축복은 소망의 축복이었습니다 (눅 37-39)

"그 보는 것을 영으로 생각하는지라"

절망은 죽음에 이르는 병이라고 흔히 말합니다. 엠마오로 가던 제자들도 절망 중이었고 부활하신 주님을 직접 뵙지 못한 다른 제자들도 전부 절망 상태였습니다. 절망에 빠진 그들이었지만 주님을 만나 증거하는 베드로를 중심으로 모였습니다. 절망 중에라도 모임에는 빠지지 아니해야 합니다.

또 확신을 가진 지도자 한 사람이 얼마나 귀한 것인가를 알아야 하겠습니다. 이때 주님이 모인 그들 가운데 나타났으나 영으로 착각을 하고 오히려 놀라고 무서워하였습니다. 주님은 친히 육신의 몸을 보여 주시며 육신 부활의 소망을 주셨습니다. 즉 제자들은 죽음 건너의 신령한 부활소망을 갖게 되었습니다.

예수님은 우리의 소망이십니다. 육적으로 영적으로 소망을 주십니다. 로마서 15장 13절에 "소망의 하나님이 모든 기쁨과 평강을 믿음 안에서 너희에게 충만케 하사 성령의 능력으로 소망이 넘치게 하시기를 원하노라"고 했습니다.

소망의 하나님은 믿음 안에서 기쁨과 평강의 은혜를 성령의 능력으로 주신다고 했습니다. 절망하던 제자들이 부활하신 주님을 보고 소망을 가졌듯이 소망 안에 사는 자의 축복을 누리시기 바랍니다.

● 주일의 축복은 기쁨의 축복이 있습니다(눅 40-43)

"받으사 그 앞에서 잡수시더라"

신령한 기쁨은 우리의 신앙생활에 큰 활력소가 됩니다. 주일 저녁모임에 나타나사 못 박히셨던 손과 발을 보여 주시니 제자들이 너무 기쁘므로 믿지를 못하였습니다.

다시 말씀드리면 믿지 못할 정도로 기쁨이 컸던 것입니다. 이때 예수님은 잡수실 것을 청하사 제자들이 보는 앞에서 구운 생선 한 토막을 잡수셨습니다.

이 광경을 보고 제자들은 크게 기뻐하였습니다. 주를 보고 기뻐하는 기쁨이 신령한 기쁨이요 은혜요 축복입니다. 이 사실은 주일모임에서 이루어졌다는 사실을 명심해야 합니다. 이것이 주일에 받는 축복이기 때문입니다.

주일을 통해 하나님께 예배를 드리고 말씀을 통한 거룩한 만남이 이루어지므로 기쁨과 감사가 넘치는 삶을 살 수 있기를 소원 합니다. 주일의 축복은 이사야 58장 13절에 다음과 같이 말씀하셨습니다.

"만일 안식일에 네 발을 금하여 내 성일에 오락을 행치 아니하고 안식일을 일컬어 즐거운 날이라 여호와의 성일을 존귀한 날이라 하여 이를 존귀히 여기고 네 길로 행치 아니하며 네 오락을 구치 아니하여 사사로운 말을 하지 아니하면 네가 여호와의 안에서 즐거움을 얻을 것이라 내가 너를 땅의 높은 곳에 올리고 네 조상 야곱의 업으로 기르리라 여호와의 입의 말이니라"고 했습니다.

17
교사의 바른 자세

… 만일 여자가 머리를 가리지 않거든 깎을 것이요 만일 깎거나 미는 것이
여자에게 부끄러움이 되거든 가릴지니라 남자는 하나님의 형상과 영광이니
그 머리를 마땅히 가리지 않거니와 여자는 남자의 영광이니라
고린도전서 11:1-7

오늘 이 시대의 특징을 한 가지 들면, 이론보다 실천이 강력하게 요구되는 시대라는 것입니다. 교육에 있어서 더욱 현저한 일입니다.

본을 보이지 못하는 교사는 결함이 있는 자라고 할 수 있습니다. 교사로서의 본은 삶의 실천이며 행동의 본보기입니다.

학생은 교사가 본을 보이며 가르치는 이상을 배울 수 없습니다. 성경이나 기독교 진리를 배우고 가르치는 일은 단지 객관적인 지식을 갖는데 있지 않습니다. 진리에 순종하고 실천하는데 있는 것입니다. 교사의 바른 자세가 무엇인가를 함께 생각해 보고자 합니다.

● 어린 영혼을 사랑하는 교사가 되어야 합니다(요 21:15)

요한복음 21장에 디베랴 바다에 찾아가신 예수님은 베드로에게 "네가 나를 사랑하느냐 내 어린양을 먹이라" 하셨습니다. 내 어린양을 먹이는 것에 가장 우선이 예수님을 얼마나 사랑하느냐는 것입니다.

실력이 좋으냐? 가문이 좋으냐? 돈이 많으냐? 그 어떤 질문보다도 주님을 얼마나 사랑하느냐?를 가장 중요하게 요구하셨습니다.

그것은 주님을 사랑할 때 어린 생명을 사랑하기 때문입니다. 현대는 사회가 점점 물질만능주의시대로 변해가면서 핵가족제도가 이루어지고 있고 사랑이 점점 식어가고 있는 시대입니다. 어린이들은 외롭고 쓸쓸하며 소외감을 갖게 됩니다. 그래서 오늘 이 시대의 어린이들은 물질적인, 그리고 지식적인 것보다는 사랑을 받고 싶어 합니다.

모든 일에 사랑으로 대해 주는 교사의 사랑에 갈급해 있다고 볼 수 있겠습니다. 사랑은 허다한 죄를 덮으며(벧전 4:8) 희생, 봉사, 수고, 고난 중에도 기뻐하며, 소망 중에 인내를 가지며 영혼을 구하는 가장 강한 능력이 될 것입니다. 그러므로 교사는 뜨거운 주님의 사랑으로 양육하는 사람이어야 합니다. 그렇게 하기 위해서 먼저 우리가 그리스도의 사랑을 받아야 합니다. 사랑은 갑작스럽게 만들어지는 것이 아닙니다. 사랑하는 교사가 사랑을 체험함 없이는 사랑할 수 없습니다. 사랑하기 전에 풍성한 주님의 사랑을 받는 자만이 사랑을 나눌 자격이 있다는 것입니다.

그러므로 어린이 교육에 임하기 전에 말씀과 기도로 성령의 불같은 은혜를 구하여 풍성한 하나님의 사랑을 체험하는 교사가 됩시다. 비록 가진 능력과 재능을 부족할지라고 사랑은 그 어린이들을 변화시키며 예수님의 귀한 어린이로 자랄 수 있게 될 것입니다. 아무리 우리의 주변 상황이 삭막해져 간다고 할지라도 주님의 사랑으로 아름다운 주님의 귀한 열매들을 거둘 수 있으며 그것은 교사가 주님의 사랑으로 양육할 때만이 가능하다는 것입니다.

● 충성스럽게 일하는 교사가 되어야 합니다(눅 17:7-10)

누가복음 17장 7-10절의 무익한 종의 비유 속에서 충성스럽게 일하는 일꾼의 태도가 나타납니다. 비유를 설명하면서 예수님이 말씀하십니다. 너희 중에 밭을 갈거나 양을 치는 종이 있어 종일 밭에서 땀 흘리고 일하고 돌아와서 배가 고프다고 한다면 식사를 준비하며 저더러 빨리 와서 함께 식사 하자고 할 주인이 어디 있느냐? 예수님 당시에 풍습으로는 종이 주인과 함께 겸상을 할 수도 없고 식탁에 앉을 수도 없습니다.

오히려 일을 마치고 돌아와 부엌에 가서 주인의 식사 준비를 해서 잘 차려 드리고 주인이 식사하는 동안에 곁에 서서 "반찬이 모자란다. 더 가져와라. 물 떠와라. 구운 빵 좀 가져와라"하고 종에게 수종들라고 하지 않겠느냐?

제자들아 너희도 이와 같이 명령 받은 것을 다행한 후에 이르기를 우리는 무익한 종이라 우리의 하여야 할 일을 한 것뿐이라 할지니라고 했습니다. 철두철미한 종의 의식이 있습니다.

종은 절대 순종입니다. 밤새우라 해도 순종하며 이치와 순리를 따질 것도 아닙니다. 마땅히 내게 주신 일이니 감사하며 일하는 태도입니다.

◉ 예수님을 본받는 교사가 되어야 합니다(고전 11:1)

교사는 어린이들에게 있어 예수님을 만나게 하고 예수님의 사랑을 알게 하는 통로라 할 수 있습니다. 그런데 통로가 잘못 된다면 어린이들의 일생에 있어 큰 오점을 남기게 될 것입니다. 그러므로 교사는 가르치기 이전에 먼저 모범적으로 예수님을 본받는 생활을 하여서 어린이에게 보여주어야 합니다.

가르치기 이전에 그리스도인의 삶이 있어야 하고, 우리 삶 속에 살아계신 하나님을, 사랑스런 예수님의 모습을 보여 주어야 합니다. 오직 말과 행실과 사랑과 믿음과 정절에 대하여 예수님을 본받아야 하는 것입니다(딤전 4:12). 바울은 고린도전서 11장 1절에서 "내가 그리스도를 본받는 자 된 것 같이 너희는 나를 본받는 자 되라"고 했으며 갈라디아서 4장 19절에 "나와 자녀들아 너희 속에 그리스도의 형상이 이루기까지 다시 너희를 위하여 해산하는 수고를 하노니"라고 하셨습니다.

인격에 있어서 그리스도와 같이 되어야 합니다. 사랑에 있어서 생활에 있어서 충성스러운 삶에 있어서 그리스도와 같이 되어야 합니다.

18
요셉 가정의 축복

… 흉년이 들기 전에 요셉에게 두 아들이 나되 곧 온의 제사장 보디베라의 딸 아스낫이
그에게서 낳은지라 요셉이 그의 장남의 이름을 므낫세라 하였으니
하나님이 내게 내 모든 고난과 내 아버지의 온 집 일을 잊어버리게 하셨다 함이요
차남의 이름을 에브라임이라 하였으니 하나님이 나를 내가 수고한 땅에서 번성하게 하셨다 …
창세기 41:45-52

　장로교의 창시자인 칼빈은 "가정은 교회 안에 있는 또 하나의 교회이다"라고 하였습니다. 이 말은 오늘 우리 가정이 하나의 교회와 마찬가지로 거룩한 장소라는 것입니다. 따라서 교회와 같이 하나님 앞에서 책임을 다하여야 한다는 말입니다. 우리 가정은 하나님을 떠나서는 살아 갈 수가 없습니다.

　성경에 나온 인물 가운데 가장 흠이 없고 성공한 사람 중에 한 사람이 요셉입니다. 그러나 요셉의 가정생활을 보면 몹시도 불행했습니다. 요셉은 17살 되었을 때 형들에 의해 노예로 팔려서 애굽의 종살이를 하게 됩니다. 그러나 그는 유여곡절 끝에 13년 후인 서른 살에 애굽의 총리대신이 되었습니다. "가정의 에브라임 축복"이라는 제목으로 요셉의 가정이 받은 축복을 생각하며 함께 은혜를 나누고자 합니다.

● 요셉의 가정은 환경을 극복한 신앙의 가정이 있습니다

요셉은 구약에 나오는 인물 가운데 실수함이 없이 성공적으로 준수한 가정을 꾸려나간 축복받은 사람입니다.

그러나 요셉은 매우 불행했던 사람이었습니다. 어머니는 일찍이 동생을 낳다가 세상을 떠났기 때문에 그는 거의 고아와 다름없습니다. 세 명의 어머니를 계모로 모셨지만 어머니의 사랑을 제대로 받지 못했습니다. 그리고 열두 형제 중 열 형제가 요셉의 비전과 지혜 출중한 외모를 미워하고 시기하였습니다. 요셉의 아버지 야곱은 훌륭했지만 가정생활은 몹시 복잡했습니다. 그러나 요셉은 아버지의 복잡한 가정생활을 잊어버리고 영향을 받지 않았습니다. 그렇지만 요셉은 세 가지 불행을 겪었습니다.

족보로 인한 불행입니다

요셉은 아버지의 복잡한 가족관계, 즉 형제들의 미움과 시기와 질투 때문에 몹시도 고독하게 지냈습니다.

출중한 외모로 인한 불행입니다

요셉은 외모가 매우 출중했기 때문에 요셉의 주인이었던 보디발의 아내로부터 유혹을 받았고 거절함으로 모함을 당하여 감옥에 갇히게 되었습니다.

이방 여인과의 결혼으로 인한 불행입니다

독실한 이스라엘의 후손 요셉은 이방신을 섬기는 애굽의 제사장의 딸 아스낫과 결혼했습니다. 이 두 사람은 사고방식과 종교적 가치관이 달라 고민스러웠지만 요셉은 한번도 이방신의 영향을 받지 않고 끝까지 자신의 신앙을 지켰습니다.

요셉은 그 자녀들에게 므낫세와 에브라임이라고 하는 히브리 이름을 붙여 주었습니다.

요셉은 고아와 같이 부모님의 사랑도 제대로 받지 못하고 형제들에게 미움을 받아서 17살에 애굽땅에 팔려가는 불행을 겪었지만 하나님을 철저하게 믿었기 때문에 하나님이 그를 지켜 주셨던 것입니다. 요셉의 가정은 환경적으로 힘들고 어려운 일들을 믿음으로 잘 극복한 가정입니다.

● 요셉의 가정은 시련을 이겨낸 인내와 관용이 있었습니다

시련과 고통이 없는 가정은 없습니다. 가정이 모두 평온하고 아무런 문제가 없어 보여도 실제로 상담을 해보면 부부간이나 형제간에 갈등과 어려움을 겪는 사람들이 많이 있습니다.

때로는 가족들끼리 원수처럼 여기며 지내기도 합니다. 요셉은 형제와의 갈등과 환경과 주변 사람들의 오해로 인해 감옥까지 가는 사회적으로도 큰 시련을 당했습니다.

창세기 39장 23절에 "여호와께서 요셉과 함께 하시니라 여호와께서 그를 범사에 형통케 하심이라"고 했습니다. 이처럼 하나님만을 섬기고 모든 환경의 유혹과 시련을 뿌리치고 지조를 지켰을 때 자신의 꿈과 비전을 향해 가는 요셉에게 하나님께서 범사에 형통함을 주신 것입니다.

요셉은 시련과 역경을 지조 있는 신앙으로 모두 극복했습니다. 하나님은 요셉을 고통의 땅에서도 창성하게 하셨습니다. 이것이 에브라임의 축복인 것입니다. 우리도 가정에서 억울한 일을 겪고 가족이지만 서로 오해하고 이해하지 못하는 일들 때문에 원수처럼 지내는 일도 있습니다.

우리는 요셉과 같이 다 잊어버리고 므낫세의 축복을 얻는 사람이 되어야겠습니다. 인내하고 관용을 베풀어야 합니다. 인내와 관용을 베풀면 악한 것이 선한 것으로 변하는 므낫세와 에브라임의 축복이 임하게 되는 것입니다. 이것이 요셉을 통해 우리에게 주시는 하나님의 말씀입니다.

● 요셉의 가정은 축복의 가정을 만드는 자원이 있었습니다

인생을 살다보면 예상치 못한 고난과 시련이 우리에게 닥쳐옵니다. 마지막 죽는 순간까지 가정의 멍에를 짊어지고 고통을 당하는 것이 우리의 인생입니다.

무거운 멍에를 지기도 하지만 하나님을 공경하는 신앙을 가질 때에 그 가정이 에브라임과 므낫세의 축복을 받을 수 있습니다. 그 근거는 하나님을 경외하고 성경 말씀에 근거하여 사는 것입니다.

요셉은 결코 행복한 가정에서 태어나지 않았습니다. 그러나 하나님이 그의 신앙의 근거가 되었을 때 요셉은 에브라임의 축복을 받게 되었습니다. 불행한 가정 속에서 살아왔다고 걱정하고 근심하지 마시기를 바랍니다. 요셉도 불행한 가정에서 태어났습니다. 그러나 그는 축복을 받았습니다.

비록 우리가 이 땅에서 고난받고 힘겹게 지내지만 하나님께서 그 고통을 다 잊게 하시는 므낫세의 축복과 모든 고난과 어려움이 변해서 창대케 하시는 에브라임의 축복을 주신다는 것을 믿으시기를 바랍니다.

하나님을 믿는 신앙을 통하여 환경을 극복하고. 인내와 관용으로 가정의 시련을 극복하며 끝까지 참고 이겨내어 므낫세와 에브라임의 축복을 믿고 승리 하시기를 주의 이름으로 축원합니다.

19
하나님이 귀히 여기시는 사람

… 사람이 나를 섬기려면 나를 따르라 나 있는 곳에 나를 섬기는 자도 거기 있으리라
사람이 나를 섬기면 내 아버지께서 그를 귀히 여기시리라 지금 내 마음이 괴로우니
무슨 말을 하리요 아버지여 나를 구원하여 이 때를 면하게 하여 주옵소서
그러나 내가 이를 위하여 이 때에 왔나이다 아버지여, 아버지의 이름을 영광스럽게 하옵소서
하시니 이에 하늘에서 소리가 나서 이르되 내가 이미 영광스럽게 하였고
또다시 영광스럽게 하리라 하시니
요한복음 12:20-28

우리 인생은 질그릇 같은 인생입니다. 깨어지기 쉽고 점점 낡아져 가는 질그릇입니다. 그리고 부패하고 아무 쓸모없는 폐품처럼 된 질그릇들입니다. 그러나 이 쓸모없고 볼품없는 질그릇이 이 우주를 창조하시고 인도하시는 창조주의 손에 맡겨지면 그것은 아름다운 예수님의 형상을 담은 이 세상에서 그 무엇보다도 가장 귀한 그릇으로 재창조될 것입니다.

김현희 씨는 아름다운 미녀였지만 공산주의 독물이 들어가자 한국의 KAL기 폭파범이 되어 많은 인명을 살상했습니다. 하지만 어느 목사님의 전도로 주님을 영접하고 여의도 침례교회에서 신앙 간증을 하여 많은 사람에게 예수님을 믿게 했습니다.

◉ 전도자를 귀히 여기십니다(요 20-22)

세례 요한은 "신부를 취하는 자는 신랑이나 서서 신랑의 음성을 듣는 친구가 크게 기뻐하나니 나는 이러한 기쁨이 충만하였노라"고 하였습니다. 세례 요한은 요단강에서 외칠 때 많은 사람이 따랐습니다. 그 많은 사람들을 예수께 소개하여 예수님을 믿게 하면서 한 말입니다.

즉 세례 요한은 많은 사람으로 예수님을 믿게 한 사람입니다. 그래서 예수님은 세례 요한을 가리켜 여자가 낳은 자 중에 가장 큰 자라고 하셨습니다. 하나님은 전도자를 귀히 여기십니다.

본문을 보면 유대교로 개종한 헬라사람 몇이 예수님을 뵙고자 하나 기회가 없었습니다. 빌립과 안드레가 그들을 예수님께 인도하여 예수님을 만나게 하였습니다. 예수님을 만나게 한 자 즉 전도자를 하나님은 귀히 여기십니다.

《팡세》라는 작품으로 우리에게 잘 알려진 블레즈 파스칼은 프랑스가 낳은 천재 수학자요, 물리학자로 불리우는 다재다능한 그는 39세의 나이로 이 땅의 생명을 마친 사람입니다.

함께 우정을 나누던 로이네르 공작 등과 지내면서 파스칼은 상류 사교계의 즐거움에 빠져 들게 됩니다. 그러다가 1654년 31세가 되던 해에 사교계의 삶에 회의를 느끼면서 그의 신앙적인 삶이 시작됩니다.

그러나 그는 그 상류 사회의 안락과 쾌락의 삶에서 빠져 나오기가 쉽지가 않았습니다. 그 가운데 분명하게 느끼게 된 것은 그 사교계의 삶이 막 피어나려는 파스칼의 영적인 삶을 위협한다는 사실이었습니다. 그러다가 그해 11월 23일 파스칼은 영적인 깊은 체험을 하게 됩니다.

그날 받은 영적인 감흥으로 그의 삶은 달라지기 시작했습니다. 상류 사회와의 교제는 계속되었지만 더 이상 삶의 가치를 쫓아다니지 않게 된 것입니다. 신앙의 삶이 시작된 지 2~3년이나 지나면서 그는 기독교 반증론에 대한 저작을 10년 정도에 마칠 대 작품의 집필을 시작합니다.

조금씩 생각나는 것들을 기록(2년 정도의 생각 노트가 그가 죽은 후 팡세라는 이름으로 출판됨)하면서 저작을 준비하다가 59년 심각한 질병에 걸려 1662년 39세의 젊은 나이에 생을 마감하게 됩니다.

그가 질병으로 고통을 겪으면서 "질병을 올바르게 사용할 수 있도록 하나님께 드리는 기도"(Priere Pour Demander a Dieu Le bon usage desmaladies)라는 글을 썼는데 그는 그 글에서 이렇게 고백합니다.

> "나의 건강이나 나의 질병, 나의 삶과 나의 죽음, 이 모든 것을 첫째는 하나님의 영광을 위해서, 둘째로는 하나님의 구원사역을 위해서, 그리고 마지막으로는 교회를 위해서 사용하게 하옵소서."

파스칼은 주님을 만난 후에 자신의 전부가 하나님의 영광을 위해 쓰여지게 해달라고 기도했습니다. 하나님은 전도자를 귀히 쓰십니다.

● 봉사자를 귀히 쓰십니다 (요 23, 26)

　다섯 달란트 맡은 자와 두 달란트 맡은 자는 주인을 위해서 최선을 다하여 봉사했습니다.
　주인이 온갖 칭찬을 다하고 축복을 약속하였습니다. 즉 주인이 귀히 여기는 종이었습니다. 열심히 봉사하였기 때문입니다. 그러나 한 달란트 맡은 종은 전혀 봉사하지 아니하고 혜택만 누리다가 빼앗기고 쫓겨났습니다.
　본문에서도 주님은 헬라인들에게 나를 섬기려면 먼저 나를 따르라고 하셨습니다. 따르라는 말은 닮으라는 뜻입니다. 예수님을 닮아야 예수님을 바로 섬길 수 있기 때문입니다. 그리고 이어서 "사람이 나를 섬기면 내 아버지께서 저를 귀히 여기시리라"고 하셨습니다.
　이처럼 예수님을 따르며 예수님을 섬기는 사람을 하나님은 가장 귀히 여기십니다. 귀히 여김 받는 봉사자가 되어야 합니다. 진정한 봉사자는 타인의 아픔을 나누는 것입니다.
　이는 남의 아픔을 내 아픔으로 알고 봉사하는 것입니다. 아프리카의 어느 부족에서는 아내가 애를 낳기 위하여 진통이 시작되면 그와 때를 같이하여 남편은 차가운 강물에 자기 전신을 담구고 아내가 순산했다는 소식이 전해질 때까지 고생한다는 이야기가 있습니다. 참된 봉사자는 남의 아픔을 내 아픔처럼 느끼고 도와주며 함께 하는 자입니다.

● 사명자를 귀히 여기십니다 (요 27-28)

아하수에로 왕 때 아말렉 사람 하만의 계교로 유대인이 하루에 몰살을 당하게 되었습니다. 이때 왕후 에스더는 유다 베냐민 족속이었습니다. 에스더는 자기가 왕후의 위를 얻은 것이 이때를 위함인 줄 알고 왕의 부름이 없었는데도 목숨을 걸고 왕께 나아가 간청하여 유대인을 구원하였습니다. 즉 사명을 다하여 하나님께는 영광이 되고 동족에게는 구원이 되었습니다.

하나님은 이처럼 사명을 다하는 사람을 귀히 여기십니다. 본문에서 예수님이 이 땅에 오신 목적도 자신의 죽음을 통해서 만민을 구원하시므로 하나님께 영광돌리심이라는 것을 밝혔습니다.

즉 하나님께 영광 돌리심, 다시 말하면 하나님을 영화롭게 하는 것이 사람의 제일 되는 사명입니다. 이런 사명자를 하나님은 귀히 여기십니다.

우리는 이 세상에 태어나서 각기 사명자로 태어났습니다. 무슨 일을 하시든지 사명을 갖고 일하는 사람이 되어야 합니다. 하나님께서 귀히 여기시는 사람은 어려운 이웃을 위해 봉사하는 사람을 귀히 여기시며 사명을 위해 죽음도 불사하는 사명자를 귀히 여기십니다.

20
돌아가야 할 그 집

... 엘리가 엘가나와 그의 아내에게 축복하여 이르되 여호와께서 이 여인으로 말미암아
네게 다른 후사를 주사 이가 여호와께 간구하여 얻어 바친 아들을 대신하게 하시기를 원하노라
하였더니 그들이 자기 집으로 돌아가매
여호와께서 한나를 돌보시사 그로 하여금 임신하여 세 아들과 두 딸을 낳게 하셨고
아이 사무엘은 여호와 앞에서 자라니라
사무엘상 2:18-21

사람마다 돌아갈 고향이 있다면 참으로 좋을 것입니다. 고향이 있어도 돌아가지 못 한다면 그건 너무나 슬픈 일입니다. 이북이 고향인 사람들은 고향이 그리워도 못가고 파주 가까이에 가서, 속초 근처에 가서 고향 갈 날을 기다리며 정착한 사람들이 많이 있습니다. 우리 성도가 돌아갈 고향은 하늘나라입니다.

본문의 말씀은 영적으로 침체된 이스라엘을 일으켜 세울 새로운 지도자로 선택된 사무엘의 출생에 관련된 내용으로 한나는 엘가나의 아내로서 자식이 없었던 고로 대적 브닌나에게 심히 고통 당했습니다. 그러나 한나는 간절히 간구한 결과 하나님의 은혜로 아들 사무엘을 보게 되었습니다(1:20).

그런데 한나는 아들을 얻기 위해 간구할 적에 하나님께 한 가지 서원을 하였습니다. 그것은 그 아들을 평생 하나님께 바치겠다는

나실인의 서원이었습니다(민 6:1-21). 그리하여 한나는 아들 사무엘을 얻은 뒤 젖 떼는 시기까지 양육하다가 마침내 젖을 떼자 서원대로 사무엘을 데리고 실로의 성소로 나아가 그를 하나님께 드렸던 것입니다.

그 후 매년 제사를 위해 실로의 성소에 올라갈 때에도 사무엘을 위해 작은 겉옷을 지어 주었습니다(19절). 엘리가 엘가나와 그 아내에게 축복하여 가로되 여호와께서 이 여인으로 말미암아 네게 후사를 주사 이가 여호와께 간구하여 얻어 드린 아들을 대신하시기를 원하노라 하였더니 그들이 그 집으로 돌아가매 여호와께서 한나를 권고하사 그로 잉태하여 세 아들과 두 딸을 낳게 하셨고 아이 사무엘은 여호와 앞에서 자라니라고 했습니다.

엘가나와 한나가 돌아간 그 집은 어떤 집입니까?

◉ 돌아간 그 집은 봉사하는 집이었습니다(삼상 18)

"사무엘이 어렸을 때에 세마포 에봇을 입고 여호와 앞에 섬겼더라"

엘가나와 한나의 집은 여호와 하나님을 위해 열심히 봉사하는 집이었습니다. 서원하여 얻은 아들 사무엘이 어려서부터 세마포 에봇을 입고 여호와 앞에서 섬기는 삶을 살았습니다. 하나님을 잘 섬기는 봉사하는 집이었습니다.

그리고 엘가나와 한나는 무자 하여 브닌나를 통해 심한 고통과 괴로움 속에서 지냈습니다. 사무엘을 얻음은 유일의 소망이요 기쁨의 전부였습니다. 그러나 하나님을 위해 나실인으로 온전히 하나님께 바쳤습니다.

참으로 놀라운 믿음이요 위대한 봉사자입니다. 한나의 가정은 믿음으로 하나님을 위해 온전히 봉사하는 집이었습니다. 서원하여 얻은 아들 사무엘을 하나님께 바쳤더니 아들 셋과 딸 둘을 얻게 되는 큰 축복을 받았습니다. 하나를 바쳤더니 하나님은 다섯을 축복해 주셨습니다.

하나님께서 아브라함을 시험하사 이삭을 지시하는 산으로 데리고 가서 번제로 드리라고 하셨습니다. 아브라함에게 아들 이삭은 천하를 주어도 바꾸지 못할 만큼 귀한 아들입니다.

어떤 의미에서는 자기보다 더 귀한 아들입니다. 그런 아들을 하나님께 번제로 드린다는 것은 얼마나 어려운 일입니까? 그러나 아브라함은 아들을 바쳤습니다. 아들을 바치는 사람이 무엇인들 못 바치겠습니까? 이처럼 하나님께 바칠 줄 아는 섬김이 복된 결과가 되었습니다.

우리 성도들의 가정이 한나의 가정처럼 여호와 하나님을 진정으로 섬기는 집으로 돌아가야 합니다. 하나님을 위해 봉사하는 그 집은 흥왕하는 가정이요 하나님의 은혜가 충만한 가정입니다.

● 돌아간 그 집은 예배하는 집이었습니다(삼상 19)

"그 어미가 매년제을 드리러 그 남편과 함께 올라 갈 때마다… "

하나님께서 욥을 칭찬하는 중의 한 가지가 항상 제사 드리는 일에 열심이었다는 것입니다.

아들들의 생일잔치가 지나면 그들의 명수대로 번제를 드렸습니다. 그 이유는 아들들이 마음으로 죄를 지어 하나님을 배반하였을까 염려하였기 때문입니다. 욥의 행사가 항상 이러하였더라고 칭찬하셨습니다(욥 1:50). 이처럼 욥의 집은 정성을 다하는 제사를 드리는 집입니다.

본문을 보면 그 어미가 매년제를 드리러 그 남편과 함께 올라갈 때마다 작은 겉옷을 지어다가 그에게 주었다고 하였습니다. 여기서 중요한 것이 매년제입니다. 다윗 가정의 매년제(삼상 20:6)와 함께 생각해보면 매년제는 그 가정의 식구가 어느 날을 정하고 때마다 그 날에 드리는 제사입니다.

사무엘의 가정은 이처럼 제사에 열심이었습니다. 예배가 바로 되어야 믿음도 인생도 잘됩니다. 엘가나와 한나의 가정은 예배하는 집이었습니다.

여호와 하나님을 찬미하고 영광 돌리는 집이었습니다. 성도의 가정은 예배드리는 집이어야 합니다. 찬송소리, 기도소리, 성경 읽는 소리, 감사의 소리가 떠나지 않는 집이어야 합니다. 우리 성도들은 예배하는 그 집으로 돌아가야 합니다.

● 돌아간 그 집은 축복받은 집이었습니다(삼상 20-21)

"그들이 그 집으로 돌아가매 여호와께서 한나를 권고하사 그를 잉태하여 세 아들과 두 딸을 낳게 하셨고 이미 사무엘은 여호와 앞에서 자라니라"

아합 왕 때 3년 반 동안 크게 흉년이 들었습니다. 하나님이 너무 노여우셔서 하늘을 닫아 버리셨기 때문입니다. 이때 엘리야가 갈멜산에 제단을 쌓고 번제를 드렸더니 하나님께서 불로 응답하사 흠향하셨습니다. 그날 해가 넘어가기 전에 큰 비가 내려서 나의 문제와 너의 문제 또는 국가적이요 민족적인 문제가 다 해결되었습니다. 즉 하나님께 제사 드리고 받은 축복입니다.

본문의 경우도 마찬가지입니다. 대제사장 엘리가 매년제를 드린 엘가나와 한나 부부에게 네게 후사를 주사 여호와께 간구하여 얻어 드린 아들을 대신하게 하시기를 원하노라고 축복하였더니 3남 2녀를 얻었습니다.

하나님께 바치고 얻은 축복이요 제사 드리고 받은 축복입니다. 사무엘의 집은 축복받은 집입니다.

말씀을 정리하겠습니다.

성도가 돌아갈 그 집은 봉사하는 집이요 예배하는 집이며 축복 받은 집이어야 합니다. 궁극적으로 돌아갈 집은 하늘나라입니다. 거기는 슬픔도 아픔도 고통도 없는 자유와 평화와 해방과 기쁨이 있는 집입니다.

21
구멍 뚫린 예루살렘 성벽

…그 성벽이 파괴되매 모든 군사가 밤중에 두 성벽 사이 왕의 동산 곁문 길로 도망하여
갈대아인들이 그 성읍을 에워쌌으므로 그가 아라바 길로 가더니
갈대아 군대가 그 왕을 뒤쫓아가서 여리고 평지에서 그를 따라 잡으매 왕의 모든 군대가
그를 떠나 흩어진지라 그들이 왕을 사로잡아 그를 립나에 있는 바벨론 왕에게로 끌고 가매
그들이 그를 심문하니라 그들이 시드기야의 아들들을 그의 눈앞에서 죽이고 …
열왕기하 25:1-7

세상에는 어떤 일이든지 시작이 있으면 반드시 끝이 있습니다. 즉 태어나는 때가 있는가 하면 죽는 때가 있습니다. 또한 꽃이 피는 때가 있는가 하면 그 꽃이 시드는 때가 있습니다. 뿐만 아니라 국가를 세울 때가 있는가 하면 그 나라가 멸망하게 되는 때도 있습니다. 여기 본문에는 유다 왕국의 패망이 언급 되었습니다. 즉 솔로몬의 아들 르호보암에 의해 B.C 930년에 시작된 유다 왕국은 그 뒤로 단일 혈통을 이루며 20대 왕 시드기야에 이르기 까지 344년을 지속하였습니다.

그러나 이 유다 왕국도 시드기야 11년 B.C 586년에 이르러서는 더 이상 국운을 지탱할 수 없게 되었습니다. 실로 므나세 왕 이후에 쌓인 악행이 얼마나 극심하였던지 현군 요시야 왕의 대대적인 개혁과 회개운동에도 불구하고 마침내 유다 왕국은 멸망의 길을 가야 했

던 것입니다. 이제 본문을 보면서 예루살렘성전의 파괴 그리고 통치자 시드기야와 왕족 유다백성의 바벨론 유스 등 유다 왕국에 내린 비참한 최후를 보게 됩니다.

왜 예루살렘 성벽에 구멍이 뚫렸는가 그 이유를 생각해 보면서 신앙의 교훈을 삼도록 하겠습니다.

● 말씀 외면하면 구멍 뚫립니다

예레미야 선지자가 왕에게 말씀을 증거했습니다. 역대하 36편 12절에 보면 "그 하나님 여호와 보시기에 악을 행하고 선지자 예레미야가 여호와의 말씀으로 일러도 그의 앞에서 겸비치 아니하였으며"라고 했습니다.

그러나 시드기야 왕은 말씀을 외면하고 선지자 앞에서 겸비치 아니하고 교만했습니다. 애굽에 구원을 요청키 위해 하나님의 종에게 기도하라고 강요했습니다. 하나님을 의지하지 않고 외국군대를 의지하려고 했습니다. 18개월 동안 바벨론 왕 느부갓네살 군대의 포위를 당한 예루살렘의 지경은 말이 아니었습니다.

물과 식량이 고갈된 성읍민들은 양식이 없어 큰 고통을 당하였습니다. 그리하여 귀부인들은 쓰레기 더미를 뒤지고, 심지어 자식들을 삶아 먹는 상상을 초월하는 일까지 발생하게 되었습니다. 그리고 이제는 성벽에까지 구멍이 뚫려 예루살렘은 더 이상 수비가 어려운 지경이 되었습니다. 그리하여 왕과 군사들은 백성들을 버리고 예루살렘을 탈출하였습니다.

그러나 그것도 잠시뿐, 여리고 평원까지 추격해온 바벨론 군사에 의해 왕과 호위 군사들은 모두 체포되었습니다. 그리고 시드기야 왕의 아들들은 아비가 보는 앞에서 바벨론 군사에게 처참하게 살해당했습니다. 그것도 부족하여 바벨론 군사들은 시드기야의 두 눈을 뽑고 쇠사슬에 묶어 바벨론으로 끌고 갔습니다.

말씀을 외면하여 예루살렘성벽이 구멍 뚫려 포위되었습니다. 포위당한 시드기야 왕은 고통과 두려움에 갇혀있는 삶이 되었습니다. 모든 공급이 중단 되었습니다. 살았으나 죽은 자와 같았습니다.

오늘 이 시대에 사는 성도 여러분, 말씀을 외면하면 마귀에게 사로잡히고 갇히면 은혜가 중단되고 삶은 평안이 없고 생명이 없습니다.

죽음 뿐입니다. 시드기야의 지략도 전술도 필요하지만 그러나 말씀이 더 귀했습니다.

시편 1편 2~3절 말씀같이 "오직 여호와의 율법을 즐거워하여 그 율법을 주야로 묵상하는 자로다 저는 시냇가에 심은 나무가 시절을 쫓아 과실을 맺으며 그 잎사귀가 마르지 아니함 같이 그 행사가 다 형통"할 수 있습니다. 그러나 시드기야 왕은 말씀을 외면하였으므로 예루살렘 성벽이 구멍 뚫렸습니다.

지금도 말씀을 외면하는 자들은 구멍 뚫린 인생의 삶을 살 수밖에 없지만 말씀을 묵상하며 사는 자는 복 있는 자요 형통한 삶을 살 수 있습니다.

● 성전을 더럽히면 구멍 뚫립니다

말씀을 외면한 왕은 찾아야 할 성전을 찾지 않았습니다. 성전을 멀리하고 더럽히므로 구멍이 뚫리게 되었습니다. 하나님 앞에서 가증한 일과 악을 행한 것은 무엇입니까? 우상을 섬기는 일입니다. 환난의 때에 하나님을 찾아야 할 때에 우상을 찾았습니다. 가증한 일은 우상에게 제물을 드렸습니다. 하나님은 이때 외면하셨습니다.

그 결과 시드기야를 포로로 잡은 바벨론 군사들은 이제 예루살렘성을 완전히 헐었습니다. 그리고 성안에 있던 유다 고위 관료들의 집을 온통 불태워 버렸습니다. 그리고 이들 역시도 함께 포로로 끌고 가 버렸습니다. 대신 예루살렘성에는 비천하고 가난한 소수의 천민들만 남겨졌습니다.

하나님께서는 낮고 천한 자들을 예루살렘에 남기시사 그들로 유다 왕국의 명맥을 유지하게 하셨던 것입니다. 이와 같이 무고한 자들의 피를 흘리며 악을 자행하는 자들은 결국 그들이 심은 대로 보응을 받게 되었습니다. 말씀을 외면하고 성전을 더럽히는 자는 구멍 뚫린 예루살렘성벽과 같은 비참한 박해를 받게 됩니다. 성전을 찾고 심령을 깨끗게 한 자는 영적 기근이 없는 믿음의 부유한 자가 되며 천국의 계승자로 삼으시는 축복이 있습니다.

● 돌아오지 아니하면 구멍 뚫립니다

하나님께 돌아오라고, 말씀 듣고 회개하라고 수 없이 주의 종을 보냈으나 냉대 외면하며 돌아오지 않았습니다. 시편 127편 1절 "여호와께서 집을 세우지 아니하시면 세우는 자의 수고가 헛되며 여호와께서 성을 지키지 아니하시면 파수꾼의 경성함이 허사로다"라고 하셨습니다. 당하고도 돌이키지 않고 회개치 않으면 허사입니다. 인간적인 방법은 허사입니다.

　고린도후서 4장 8~9절에서 보면 "사방으로 우겨쌈을 당해도 싸이지 않습니다. 답답한 일 당해도 낙심치 않습니다. 핍박 거꾸러뜨림 당해도 망하지 아니함은 예수 십자가의 죽은 것 몸에 짊어짐이라"고 했습니다. 십자가를 지고 예수님의 뒤를 따르는 자는 그 길을 주님이 인도하십니다. 회개하지 않고 돌아오지 아니하면 구멍 뚫린 인생의 삶이 되고 맙니다.

　예수님의 사람은 기도합니다. 어떤 위급의 때라도 주님은 돌아오라고 하십니다. 기다리십니다. "낙심한 자, 잠자는 자, 병든 자, 고통 받는 자, 어려운 자, 돌아오라"고 하십니다. 상처 그대로 환경 그대로 돌아올 때 주님은 싸매주시고 구멍을 막아 주십니다. 말씀을 정리하겠습니다.

　성도 여러분, 과연 세상 마지막 날을 위해 어떤 준비를 하고 있습니까? 혹 유대 백성들과 같이 성전의 외적 건물에만 집착한 채 정녕 구원을 얻기 위한 믿음에는 소홀 하는 잘못을 범하고 있지는 않습니까? 행여 구멍 뚫린 성벽과 같이 멸망의 길을 가고 있지는 않습니까?

　이러한 때 베드로후서 3장 10~12절의 말씀같이 "주의 날이 도적같이 오리니 그 날에는 하늘이 큰 소리로 떠나가고 체질이 뜨거운 불에 풀어지고 땅과 그 중에 있는 모든 일이 드러나리로다 이 모든 것이 이렇게 풀어지리니 너희가 어떠한 사람이 되어야 마땅하뇨 거룩한 행실과 경건함으로 하나님의 날이 임하기를 바라보고 간절히 사모하라"는 말씀대로 거룩한 행실과 경건한 삶으로 마지막 날을 사모하며 살아야 하겠습니다.

22
어떻게 위기를 극복할 것인가?

비판을 받지 아니하려거든 비판하지 말라
너희가 비판하는 그 비판으로 너희가 비판을 받을 것이요
너희가 헤아리는 그 헤아림으로 너희가 헤아림을 받을 것이니라
어찌하여 형제의 눈 속에 있는 티는 보고 네 눈 속에 있는 들보는 깨닫지 못하느냐
보라 네 눈 속에 들보가 있는데 어찌하여 형제에게 말하기를
나로 네 눈 속에 있는 티를 빼게 하라 하겠느냐
마태복음 7:1-10

　개인이나 회사나 국가도 평탄하게 나갈 때가 있고 호황을 누릴 때도 있지만 때로는 위기를 만날 때도 있습니다.

　우리 국가가 한때 IMF 한파로 국가의 경제적 위기를 맞았었습니다. 그때 국민들은 가지고 있는 금붙이를 다 내어 놓아 국가위기를 극복하는 자로 노력했습니다. 회사와 회사끼리 빅딜이 있게 되었고 기업의 위기에 도산을 막기 위해 구조조정을 행하기도 했습니다.

　항상 우리는 위기를 모면할 수 없고 위기에 대한 준비와 극복할 수 있는 힘을 길러야 합니다. 건강의 위기, 경제의 위기, 신앙의 위기를 맞게 될 때 어떻게 극복할 수 있을까요?

● 앙망의 신앙을 가져야 합니다(7중-)

유다 왕 여호사밧이 나라를 통치할 때 모압과 암몬의 연합군이 쳐들어 왔습니다. 풍전등화와 같은 큰 위기였습니다. 여호사밧은 전국적으로 금식을 선포하고 기도하며 대처했습니다. 그 내용은 "하나님이여 우리를 치러 오는 이 큰 무리를 우리가 대적할 능력이 없고 어떻게 할 줄도 알지 못하옵고 오직 주만 바라보나이다"(대하 20:12)였습니다.

전쟁에 대처하는 그의 자세는 인간의 상식으로는 도저히 이해할 수 없는 것이었습니다. 그러나 하나님은 앙망하는 그의 믿음을 보시고 상상을 초월한 방법으로 역사하셨고 마침내 승리하게 하셨습니다.

본문에 보면 이스라엘의 엄청난 부패와 죄악으로 말미암아 멸망할 수밖에 없는 위기의 상황 속에서 선지자 미가는 "오직 나는 여호와를 우러러 보며 나를 구원하시는 하나님을 바라 보겠다"고 선언하고 있습니다. 즉 여호와를 앙망하는 신앙이 바로 위기를 극복하는 길입니다.

시편 34편 5절에 "저희가 주를 앙망하고 광채를 입었으니 그 얼굴이 영영히 부끄럽지 아니하리로다"라고 했습니다. 주를 앙망하는 자는 부끄러움을 당하지 않습니다. 시편 55편 16절에 "나는 하나님께 부르짖으리니 여호와께서 나를 구원하시리로다"라고 했습니다.

하박국 3장 17~18절에 "비록 무화과나무가 무성치 못하며 포도나무에 열매가 없으며 감람나무에 소출이 없으며 밭에 식물이 없으며 우리의 양이 없으며 외양간에 소가 없을 지라도 나는 여호와를 인하여 즐거워하며 나의 구원의 하나님을 인하여 기뻐하리로다"라고 했습니다. 주를 앙망하는 자는 주를 인하여 기뻐하게 하십니다.

○ 재기의 신앙을 가져야 합니다(8중)

다른 제자들보다 주님을 잘 따른다고 장담했던 베드로가 한 때 주님을 부인한 적이 있었습니다. 그는 자기의 사명을 망각하고 다시 고향에 내려가 그물을 던지고 말았습니다. 그러나 부활하신 주님을 만난 후 자리를 박차고 일어나 주님을 위해 물불을 가리지 않고 사명을 감당하였습니다.

잠언 24편 16절에 "대저 의인은 일곱 번 넘어질지라도 다시 일어나려니와 악인은 재앙으로 인하여 엎드러지느니라"고 말하고 있습니다. 여기서 의인은 하나님을 의지하여 신뢰하는 사람을 말하고, 악인은 그 반대가 되는 사람입니다. 즉 하나님을 굳게 신뢰하는 사람은 고난과 시련으로 인하여 넘어져도 다시 일어나지만, 하나님을 신뢰하지 않는 사람은 일어나지 못하고 엎드러지게 됩니다.

본문을 보면 "나는 엎드러질지라도 일어날 것이요"라고 하면서 강한 재기의 신앙을 보여주고 있습니다. 위기를 극복하는 길은 그 위기를 피하거나 고통으로 인하여 그 자리에 주저 앉는데 있지 않습니다. 재기의 신앙으로 다시 일어나 위기를 정면으로 돌파하는 데 있습니다.

● 소망의 신앙이 있어야 합니다(9-10중)

다윗은 억울한 일을 많이 당했습니다. 한번은 원수들에게 쫓겨 굴 속에 갇히는 신세가 되었습니다. 답답하고 견디기 어려운 절망적인 상황이었습니다. 그럼에도 불구하고 그의 믿음은 흔들리지 않았습니다.

시편 142편에 보면 "주께서 나를 후대하시리니 의인이 나를 두르리이다"고 소망의 신앙을 보여주고 있습니다. 소망은 그리스도인의 삶을 지탱해 주는 힘입니다. 소망이 없는 인생은 비참한 것입니다.

본문에서 기자는 "내가 어두운데 앉을 지라도 여호와께서 나의 빛이 되실 것임이로다"고 하였으며 "주께서 나를 인도하사 광명에 이르게 하시리니 내가 의의 의를 보리로다" 고백하고 있습니다. 고난과 위기의 현실을 극복하는 길은 오직 소망의 신앙 뿐입니다. 소망의 신앙을 가진 자는 주께서 광명으로 인도하여 주십니다.

욥기 23장 10절에 "나의 가는 길을 오직 그가 아시나니 그가 나를 단련하신 후에는 내가 정금같이 나오리라"고 했습니다.

말씀을 정리하겠습니다. 위기를 극복할 수 있는 신앙은 앙망하는 신앙이요 재기의 신앙이며 소망의 신앙을 가질 때 가능합니다.